꽃이 피지 않는
계절은 없다

— 돌아보다 —

꽃이 피지 않는
계절은 없다

초판 1쇄 발행 | 2025년 11월 14일

글쓰고 그린이 오원영
펴낸이 우종욱 | **편집** 이진숙 | **디자인** 지희령 | **제작** 공간'S 쏜
펴낸곳 나비날다 | **등록** 2021년 7월 2일·제2021-000092호
주소 10909 경기도 파주시 송학1길 114-9 401호 | **팩스** 0508-906-5405
이메일 nabinalda0228@naver.com

ⓒ 오원영 2025

ISBN 979-11-992369-2-9 03810

• 이 책은 저작권법에 따라 보호를 받는 저작물이므로 저작권자와 출판사의
  허락 없이 이 책의 내용을 복제하거나 다른 용도로 쓸 수 없습니다.
• 책값은 뒤표지에 있습니다. 잘못된 책은 바꾸어 드립니다.

꽃이 피지 않는
계절은 없다

오원영 글 | 그림

작가 **오원영**은 시인이자 화가. 어린 시절 텔레비전에서 본 애니메이션 속
주인공처럼 자신 역시 별나라 공주, 즉 '별님이'임을 믿어 의심치 않는다.
작가는 오늘도 별님이에게 편지를 쓰며 별나라로 돌아갈 날을 손꼽아 기다린다.

차례

별님이에 대하여

프롤로그
별나라 공주　8

현재
다시 찾은 별님이　12

초등학교 입학 전
대갓집 종부가 뭐야?　15

초등학교
김봉순 선생님!　18

중학교
찡긋 미소가 200원　24

고등학교
상큼한 비누 향기와 복숭아 껍질　29

대학교
꿈에 대하여　33

에필로그
세상의 모든 꽃님이들에게!　39

추신
움직씨와 꾸밈씨　41

별님이에게 쓴 편지

나의 해바라기　46
다시 날아오르다　48
가을 구름　50
꽃과의 이별 이야기　51
눈물　52
다시 꿈을 꾸어도 되나요　54
소소한 행복　56
나리꽃　58
신비한 숲속　59
겨울 하늘　60
앞치마　61
고백　62
내가 보게 되었습니다　64
아까운 가을　66
낙엽　67
친구들아!　68
당신을 기억하고 싶습니다　70
마음 편한 수다　71
비오는 날 우체국 가는 길　72
일기　73
사마리아 수가성의 여인　74
엄마가 딸에게　76

사랑하게 하소서(며느리를 맞으며)　78
꽃으로 살고 싶습니다　79
예수님이 이 땅에 오시지 않았다면　80
아들에게　81
우리들의 이야기　82
내가 진정 자랑해야 할 것　83
나에 대한 위로　84
입맛이 살아 있는 아침　85
기도　86
어느 날 여행 일지　88
이제는 나의 길을 가련다　90
바람 부는 봄날　92
바로 알게 하소서　94
조용히 내리는 봄비를 보며　95
봄날의 고백　96
골목길 라일락의 향기는　97
당신의 기다림과 나의 기다림　98
비집고 들어온 5月의 햇살　100
행복하게 살기로 했습니다　101
수가성 여인과의 만남　102
내 마음이 바다였으면 좋겠다　103
당신이 전해 준 꽃다발　104

새벽빛의 마중물　105
장맛비가 무섭게 내리던 날　106
그리움이 그리움인 것은　107
세탁기 버튼을 누르는 남자　108
누군가를 위한다고 할 때에는　110
관성의 법칙에서 벗어나는 힘　111
땡감이 익어 가기까지　112
훨훨 날아가려무나, 민들레 홀씨야!　114
나는 가을이 되었다　115
토닥토닥 가을비가 내립니다　116
꽃이 피지 않는 계절은 없다　117
대나무 숲길을 걷고 싶다　118
메아리가 되어 주는 친구　119
나의 사랑은 소망입니다　120
태풍이 지나간 어느 날　121
근데 행복이 뭘까요?　122
또 가을을 보냅니다　124
시어머니와 꽃게탕　126
깨달아 가는 길　127
새해가 간단다　128
이른 봄 소풍을 다녀와서　129
봄소식　130

꽃잎이 떨어지기 전에　131
흐린 날에는　132
진달래꽃이 피었습니다　133
처량하다　134
망각이 원인이라　135
감자에 싹이 났다　136
나는 목련이 슬프다　137
부끄러운 하소연　138
꽃은 좌절을 아는가?　139
쌓인 눈을 털어 줄 것을　140
친정 엄마　142
내 그림엔　144
나무야! 나무야!　145
봄날의 꽃 가게　146
당신은 참말로 꽃입니다　147
아줌마도 꿈이 있나요?　148
봉숭아 꽃물　150
애호박전　152
해와 달이 된 오누이 엄마의 충고　154
절규함　156

작가의 말 존재의 이유를 찾는 뜻깊은 여정　158

별
님
이
에

대
하
여

별나라 공주

| 프롤로그 |

초등학생 때였지 싶다.

어디선가 지구가 매일 돌고 있다는 말을 들었다. 심심한(이제는 심심하단 단어가 그립다) 어느 날 오후, 우연히 푸른 하늘을 올려다보았다. 흰 구름이 그날따라 유난히 두둥실 멋지게 흘러가는 장관이 보였다.

"아! 지구가 매일 돈다고 하더니…… 그래서 구름이 지나가는 것처럼 보이는구나. 맞네. 지구가 움직이는 게!"

주워들은 이야기와 구름이 떠가는 것이 마치 이론과 실제가 딱 들어맞는 듯한 큰 깨달음! 대발견이었다. 그 이후 자주 하늘을 보았다. 달도 움직이고 별도 움직였다. 별나라에서 지구로 찾아온 '요술 공주 세리'처럼 나도 분명히 별에서 온 별나라 공주일 것이라 생각했다. 요술 실력은 점차 발현되리라는 확신도 했다.

사실 요 몇 년 전부터 지구 자전에 대한 새로운 생각이 들기 시작했다.

지구 자전과 공전의 속도에 변화가 생긴 것이 아닐까? 하루가 얼마나 빠른지 밥 세 끼 먹기가 버겁고, 월말은 또 얼마나 금방금방 돌아오는지 결제할 것들이 밀려온다. 어제가 신년이었는데, 또 새해가 온다. 분명 지구의 자전과 공전에 가속도가 붙은 것 같다. 천문학자들에게 심도 있게 연구 좀 해 보라고 해야겠다(내 말을 들어주기나 할지 모르지만).

지구가 더 빠르게 자전과 공전을 하는 것 같은 요즘도 내가 요술 공주 세리처럼 별나라 공주임이 분명하다는 생각에는 변함이 없다. 언젠가는 반짝이는 나의 별나라로 돌아갈 나는 별나라 공주, 바로 '별님이'다!

다시 찾은 별님이

| 현재 |

중학교 때는 학기 초마다 책 제목이 30개쯤 적혀 있는 필독 도서 목록을 받았다. 2학년 때였던가? 목록에 있는 책 중 한 권인『안네의 일기』를 읽고 '안네'가 '키티'에게 매일 편지를 쓴 것처럼 나도 별님이에게 거의 매일 편지를 썼다. 미주알고주알 별님이가 공감해 주기를 바라며 키득거리기도 하고 울기도 하며 소식을 전했다. 별님이에게 보내는 편지는 꽤 오랜 기간 지속되었다.

쿠궁!
그러던 어느 날, 어딘가 가려고 꽤 분주히 서두르다 그만 별님이에게 보내는 소식지 관리를 제대로 하질 못했다. 뒤늦게 생각난 나는 은근히 걱정이 되었다. 아니나 다를까, 걱정했던 대로 누군가 내가 별님이에게 쓴 편지를 보고 말았다.
"야! 넌 어쩜 내게 고맙다는 말은 하나도 적지 않았니? 참 이중적이구나!"

남의 편지를 몰래 본 것도 모자라, 본인 이야기를 별님이에게 전하면서 고맙다는 말을 적지 않았다고 나무라다니. 너무도 당당히 큰소리로 화를 내기에 그 사람의 선행(?)에 고마웠다고 전하지 못한 것이 '내가 잘못한 것인가?'라고 잠깐 동안 착각할 정도였다. 하지만 백번 양보해도 '이중적'이란 말은 참을 수가 없었다.

내가 제일 싫어하는 단어 중에서 다섯 손가락 안에 들어갈 만큼 나는 지금도 '이중적'이란 단어가 싫다. 그런데 그 단어를 듣게 되다니.

별님이에게 쓴 편지가 다른 이에게 읽힌 그 사건은 나의 모든 것이 벌거벗긴 느낌마저 들게 했다.

그러나 그 분노와 좌절감을 어떻게 표현할 수가 없었다. 고작 별님이에게 쓴 몇 권의 편지들을 모두 찢어 멀리 버리는 것 이외에는…….

그것은 편지를 찢은 것이 아니라 나를 찢은 것이고, 이전의 나의 모든 것을 버린 것이었다. 어쩌면 미래의 기대감 전부를 버린 것일 수도 있었다. 그 사건 이후 난 별님이와 완전히 소식을 끊었다. 아무 생각도 할 수가 없었다. 생각조차 누군가에게 읽혀 버릴 것 같아 두려웠다. 지금도 그때 일을 생각하면, 나만의 세상이 무너진 아픔의 순간이었던 것만큼은 분명하다.

세월이 흘러 인생을 돌이켜 볼 수 있을 즈음, 가슴에 꽁꽁 묻어 두었던 별님이가 생각났다. 누군가에게 알려질까 봐 두려운 마음이 조금은 작아질 정도로 시간이 지났나 보다. 별님이에게 다시 소식을 전해도 될까, 나를 받아 줄까 고민했다.

마침내 조심스럽게 별님이를 다시 찾기로 했다. 나만의 세상을 다시 찾기로 한 것이었다. 다시 소통할 수 있을까? (별님이와 이별한 순간은 지금 생각해도 가슴 저리고 눈물이 핑 돈다.) 어쩌면 별님이가 나에게 먼저 손짓했는지도 모른다. 소심하게 용기를 내어 다시 별님이에게 편지를 쓰기 시작했다. 엄청나게 쑥스럽고 어설펐다.

그즈음 '영적 과외 선생님(내가 붙인 직함)'인 담임 목사님께서 구역장 교육 시간에 매일 단문으로 다섯 줄씩 적어 보라고 하셨다(과외 선생님 숙제는 꼭 해야지!). 단문으로 쓰려고 보니 더 관찰하고, 더 생각해야 했다. 그러다 보니 생각이 정리가 되고, 주변 누구와도 소통할 수 있는 편지를 쓸 수 있었다. 별님이에게뿐 아니라 지인 누구와도 비슷한 고민거리를 깔끔하게 공유할 수 있었다. 위로가 되고 공감도 된다는 격려도 받았다. 그래서 별님이와의 편지를 책으로 만들고 싶어졌다. 이렇게라도 해야 그 옛날 찢어 없앴던 나의 별님이를 조금이나마 위로할 수 있을 것 같아서다. 나는 별나라에서 온 별님이니까!

대갓집 종부가 뭐야?

| 초등학교 입학 전 |

그날 난 저녁 식사 준비로 바쁜 엄마를 졸졸 쫓아다녔다. 엄마가 직장을 다녔기 때문에 같이 있을 시간이 별로 없어서 나는 엄마가 퇴근하면 더 붙어 있으려 했던 것 같다.

엄마 냄새는 참 좋았다. 난 그릇에 국을 담고 있는 엄마한테 투정도 부렸다.

"엄마, 난 국이 싫어. 그러니까 건더기 한 국자, 국물 두 국자, 이렇게만 줘요!"

"그럼 한 그릇 가득인데……?"

민망해진 나는 시선을 수저통으로 옮겼다.

"그럼, 엄마가 알아서 담아 줘. 난 국이 싫어. 그런데 엄마! 숟가락이 이렇게 많은데, 우리 집에 숟가락 수만큼 밥 먹는 사람이 많이 왔으면 좋겠다."

"……."

엄마는 아무 말 없이 피식 웃었다. 그 시절, 우리가 서울에 산다는 이유로 꽤나 많은 친척들이 우리 집을 거쳐 갔다. 지금 생각하면, 뜬금없는 나의 말에 엄마는 얼마나 기가 막혔을까?

엄마가 일하는 동안 우리를 돌보기 위해 외할머니가 함께 사셨다. 어느 날, 엄마가 외할머니에게 내 이야길 하시는 것을 우연히 들었다.

"별님이가 숟가락 수만큼 사람이 많이 와서 밥 먹으면 좋겠다고 하네……."

"가가 대갓집 종부감이라 그렇다!"

외할머니는 양반이라는 자부심이 큰 안동 김씨였다. 가끔 외할머니 댁에 놀러 가면 마을 어른들이 외할머니를 "아가씨"라고 부르는 것을 보곤 했다.

"할머니, 할머닌데 왜 사람들이 아가씨라 해?"

외할머니는 "그런 게 있다."라고만 하셨다. 그때 외할머니의 표정은 자부심으로 가득했다.

엄마와 외할머니의 대화를 듣고 나서 나는 할머니에게 질문했다.

"할머니! 종부가 뭐야?"

"그런 게 있다. 좋은 거다!"

외할머닌 항상 "그런 게 있다."라고만 했는데, 이번엔 "좋은 거다!"를 덧붙였다.

'좋은 거라고? 내가 그런 자리에 갈 수 있는 사람이라고?'

예닐곱 살 때쯤이었던 것 같은데, 좋은 거라니 난 어깨가 으쓱해졌다. 그 기억은 지금도 참 생생하다. 그게 뭐라고 으쓱해지기까지 했을까. 나 참, 종부가 뭔지도 모르면서.

얼마 전, 구역 예배 간식을 준비하다가 문득 외할머니 말씀이 생각났다.

"가가 대갓집 종부감!"

구역 식구도 식구! 간식 나눌 구역 식구들이 한자리에 20명은 되면 좋겠다고 아주 잠깐 생각했다. 문득 웃음이 났다.

김봉순 선생님!

| 초등학교 |

드디어 초등학교에 입학하게 되었다.

어서 빨리 교실 책상에서 공부하고 싶었다. 하지만 내가 초등학교 1학년에 입학할 당시에는(정말 '나 때는') 입학하자마자 바로 교실에서 수업을 받는 것이 아니었다. 가슴에 콧수건과 이름표를 달고 한 달간 운동장에서 기초 질서 교육과 율동을 배워야 했다.

나는 1학년 1반으로 배정되었다. 14개 반 중에서 1반, 학년 주임 선생님 반이었다. 우리 담임 선생님이 나이가 제일 많아 보였다. 다른 반 선생님들은 대체로 젊고 예뻤다. 율동도 예쁘게 함께 따라해 주었다.

하지만 우리 반 선생님은 지휘봉 하나 들고 왔다 갔다만 했다. 그래서인지 다른 반이 좀 부러웠고, 운동장에서 무한 반복하는 모든 것들이 더욱 지루하게 느껴졌다. 한 달간 운동장 수업을 마치자, 드디어 교실로 들어갔다.

한 반의 학생 수는 80명 정도였다(그 시절 선생님들은 참 대단하셨다. 그렇지만, 그에 못지않게 학생들도 선생님 말씀을 잘 들었던 것 같다).

신났다. 교실에 들어가다니! 책상에 앉아 공부를 하게 되다니! 참 감격적이었다. 자리에 앉자마자, 선생님이 뭔가를 질문하셨고 반 아이들이 일제히 "저요! 저요!"를 외치며 손을 들었다. 엉덩이도 들썩거렸다. 나도 덩달아 손을 들었다. 아니 들었다 내렸다를 반복했다. 답이 틀릴까 봐 겁이 났다.

"거기, 손 들었다 내렸다 하는 학생 답해 보세요!"

아이들이 아쉬워하며 내는 탄성이 지금도 생생하다. 자신감 없는 내 손이 오히려 선생님의 눈에 띈 것이었다. 지목되었으니 물러설 수는 없었다. 나는 용기를 내어 대답했다.

"맞았어요. 정답! 잘했어요!"

선생님의 그 한마디에 자신감이 뿜뿜 솟아올랐다! 담임 선생님이 최고로 느껴졌다. 그와 함께 운동장에서 있었던 서운하고 아쉬웠던 마음은 모두 지워졌다. 칭찬을 들은 이후로 나는 발표를 도맡아 했다. 선생님 말씀을 잘 들어야겠다고 다짐도 했다. 일종의 충성 맹세!

그렇게 몇 주가 지나고 봄 소풍을 가게 되었다. 요즘처럼 버스를 대절하는 것도 아니었다. 한 반에 80여 명인데, 그런 14개 반이 일반 버스를 타고 움직이는 것이었다. 장관이었다. 담임 선생님의 호루라기 구령에 맞춰 전 학년 모두가 버스 정거장까지 두 줄로 서서 움직인다고 상상해 보라. 그 시절 선생님들이 진정 존경스럽지 않은가!

"짝꿍 손을 절대 놓으면 안 돼요. 잃어버림 큰일이야! 집에 못 온다!"

선생님 말씀을 잘 듣기로 한 나는 짝꿍에게 단단히 주의를 주고 다짐을 받았다. 평소에도 내 짝꿍은 내 말을 잘 들었다.

"야! 우리 절대 손 놓지 않게 해야 해! 알았지?"

"알았어! 그렇게 할게!"

우리는 버스 안에서도 손을 꼭 잡고 있었다. 삐질삐질 땀이 흥건해지면 손수건으로 닦아 가며 손을 잡고 있었다. 지금은 그 이름도 기억 안 나는 짝꿍. 까무잡잡한 얼굴, 코밑에 까만 솜털이 보송보송했던 착한 내 짝꿍. 그 짝꿍도 1학년 봄 소풍을 기억할까?

초등학교 1학년 봄 소풍은 지엄하신 선생님의 당부를 지키느라 그 짝꿍과 손잡은 기억밖에 없다. 남편과도 그렇게 오래 손잡아 보지 못한 것 같다.

1학년 때의 담임 선생님이 3학년 때 또 담임이 되었다. 3학년 1반 담임 김봉순 선생님. 1학년 때 내가 충성을 다짐했던 김봉순 선생님.

"오, 별님이 또 만났네. 반갑다!"

"네, 선생님. 안녕하셨어요?"

우리는 서로 반갑게 인사를 했다. 심지어 선생님이 악수까지 청하셔서 악수도 했다.

'3학년 1반 친구들아, 나 이런 사람이야!'

그 순간 내 어깨가 으쓱해졌다.

청소 당번이었던 3학년 겨울의 어느 날.

"난롯불이 다 꺼진 걸 확인하고 가야 하니까 청소 마치면 애들 집에 보내고 교실 지키고 있어. 선생님 올 때까지!"

"네!"

선생님은 화재 위험 때문에 단단히 주의를 주신 후 절대 교실을 비우지 말라고 당부하셨다. 곧이어 청소는 끝났고, 나는 친구와 둘이서 교실에 남았다. 혼자 있기 무서우니 같이 기다려 달라고 친구에게 부탁하니, 친구는 흔쾌히 그러마 했다. 우리는 이런저런 이야기를 하며 선생님이 오시길 기다렸다. 그런데 아무리 기다려도 선생님이 오시지 않았다.

"별님아, 난 갈래. 난롯불도 다 꺼졌잖아!"

"야, 그래도 선생님 아직 안 오셨잖아. 조금만 더 있어 보자!"

친구와 나는 몇 번 실랑이를 했는데,

"야, 나 엄마한테 혼나!"

하며 친구는 그냥 가 버렸다. 혼자 있게 된 나는 점점 무서워지기 시작했다. 얼마나 지났을까. (교실에 시계가 분명히 있었을 텐데, 선생님을 하염없이 기다린 건지 정확한 상황은 기억나질 않는다.) 수위 아저씨가 교실에 오고, 그 뒤로 엄마까지 왔다.

"별님아! 뭐 하니? 어서 집에 가자!"

엄청 화가 난 엄마는 내 팔을 잡았다.

"안 돼! 선생님 아직 안 오셨어!"

수위 아저씨가 거들었다.

"선생님들 다 퇴근하셨어. 어서 집에 가!"

그 말에 난 교실을 나왔다. 집으로 돌아오는 길에 엄마가 학교 건물은 현관까지 다 잠겼었다고 말했다. 딸이 집으로 돌아올 시간이 지났는데도

소식이 없자 엄마가 학교에 전화해서 수위 아저씨랑 교실로 찾아온 것이었다. 수위 아저씨 역시 학생들은 다 하교했다고, 아무도 남지 않았다고 우겼다고 했다. 엄마는 그래도 우리 딸 분명히 교실에 있다고, 수위 아저씨와 실랑이를 벌였다고 했다. 딸의 성향을 잘 알고 계셨나 보다.

엄마가 나를 많이 야단치지는 않았던 기억이 난다. 아마도 선생님에게 무척 많이 화가 난 것 같았다. 으으윽……. 귀신이 나온다는 학교 건물에 갇힐 뻔한 것이었다. 그것도 겨울날 밤에 말이다.

그 시절에는 공동묘지 위에 학교 건물을 세웠다는 둥 학교 관련 괴담 시리즈가 많았다. 운동장을 파헤치면 사람 뼈가 나온다는 엄청난 이야기도 있었다. 실제로 뼈를 봤다는 뻥쟁이 친구도 있었다. 그런데 난 선생님의 지시를 따른다고 그 무서운 이야기들을 다 잊고 있었던 것이다. 생각만 해도 끔찍했다.

다음 날 아침, 담임 선생님한테 심하게 혼났다. 난 선생님이 어제 청소 검사를 잊고 집에 가서 미안하다고 하실 줄 알았다.

"별님이 너 때문에 어제 학교가 얼마나 시끄러웠는지 아니? 별님이 그렇게 안 봤는데 멍청한 건지 뭔지 모르겠네!"

난 눈물이 찔끔 났고, 친구들에게 창피했다. 학교가 나 때문에 왜 시끄러웠을까?

김봉순 선생님과의 기억은 여기까지다.

내가 유일하게 기억하는 두 분의 담임 선생님 중 한 분인 김봉순 선생님! 초등학교 3학년, 열 살짜리의 충성스런 행동을 멍청하다고 했던 게 맞는 걸까? 다시 또 그런 상황이 오면 나는 좀 더 지혜롭게 대처할 수 있을까? 어떤 것이 맞는 걸까? (요즘은 언제든 소통할 수 있는 모바일 폰이 있으니까, 이런 류의 일은 일어나지도 않겠지.)

먼저 집으로 간 친구는 아마도 잘살고 있을 것이 분명하다. 상황을 판단할 줄도 안 데다 실행력도 있으니 말이다. 그 아이의 이름은 물론 얼굴도 전혀 기억이 나질 않는다. 만약 그 아이가 끝까지 같이 기다려 주었다면 지금은 얼굴과 이름을 기억하고 있을까?

찡긋 미소가 200원

| 중학교 |

두발과 교복 자유화가 시행되면서 내가 다니던 중학교는 커트 머리도 가능해졌고 하복으로는 세라복을 입었다.

학교 생활에 어느 정도 익숙해진 중학교 2학년의 어느 여름날, 하굣길에 친구들과 새로 나온 아이스바를 하나씩 물고 재잘대던 때였다. 수다의 주제는 신제품 아이스바의 맛 품평이었다. 잘 팔릴 것 같다는 긍정적 평가가 대부분이었다(우리들의 평가가 맞았다. 그 아이스바는 현재까지도 판매되고 있다).

점점 열띤 토론으로 이어지던 중 나는 마주 오던 멋진 외국인 청년과 눈이 마주쳤다. 너무 떠들었나 순간 움찔했는데, 그는 우리를 보고, 아니 나를 보고 찡긋하고 미소를 지었다. 까만 바지에 흰색 상의, 옅은 카키색 백팩을 한쪽 어깨에 걸친 세련된 모습. 그 당시 보기 드문 세련미였다.

어머나! 넘 멋졌다!

요즘 인물로 굳이 표현하자면 분위기가 배우 '티모시 샬라메' 같았는데, 머리색은 좀 더 짙은 갈색이었고 인상은 훨씬 더 부드러웠다. 티모시 보다 훠얼씬 멋졌다. 지금도 그 모습이 눈에 선할 정도로.

캬—!

나와 친구들은 소리치며 환호했다. 그랬더니 그는 찡긋 한 번 더 웃어 주었다.

그때는 길에서 외국인을 만나는 일이 지금처럼 흔하지 않았다. 아이들은 서로 자기를 보고 웃은 거라고 우겨 댔다. 아무튼 지금도 그 아름다운 미소를 잊을 수가 없다.

"엄마, 집에 오는 길에……."

나는 집에 도착하자마자 신이 나서 엄마에게 멋진 미소의 외국인 남자 이야길 자세하게 했다.

"네가 예뻐서 웃어 준 게 아니야. 외국인들은 모르는 사람들과 눈이 마주치면 어색하니까 웃어 주곤 해. 문화적 차이야."

엄마는 정신 차리라는 듯 말씀하셨다. 열다섯 살, 중2에게 너무 잔인한 조언을 해 준 엄마.

"그래, 네가 귀여웠나 보다." 해 주면 안 됐나? 하지만 엄마는 외국인 선교사들과 오랜 기간 교류했기 때문에 엄마 말이 역시 맞는 것 같았다. 참 좋은 문화라는 생각이 들었다. 난 곧 실천에 옮겨야겠다고 생각했다.

'서로 미소를 보내는 것은 밝은 사회의 기초가 될 수 있지……. 좋은 문화야! 배워야 해!'

그런 다짐이 있은 후 며칠 지나지 않아 엄마가 외삼촌댁에 다녀오라고 나에게 심부름을 시키셨다. 버스로 대략 30분 거리였다. 예쁜 사복에다

가방을 어깨에 두르고, 잔뜩 긴장한 채 버스를 기다렸다. 드디어 기다리던 버스가 왔다. 정거장 이름이 적힌 종이를 손에 꼭 쥐고 버스에 올랐다.

나는 버스 안내양 언니한테 ○○에서 내리니 알려 달라고 미리 당부까지 하며 찡긋 미소를 보냈다. 언니는 들었는지 말았는지 고개만 까딱했다. 도착 시간이 거의 다 되어 가는데 언니는 아무런 말이 없었다. 은근히 불안해졌다. 나는 언니에게 다가가 물었다.

"언니, 아직 더 가야 하나요?"

그와 동시에 나는 찡긋 미소를 한 번 지었다.

"……."

언니는 고개만 까딱했다. 나는 다시 내 자리로 돌아와 앉았다. 언니가 아무 말이 없어서 더 초조했다.

'알려 주겠다는 거야, 말겠다는 거야.'

하지만 미소를 실천하기로 한 나는 조금 더 기다려 보다가, 여유 있는 모습으로 또 쪼르르 언니한테 가서 조금 전과 똑같이 묻고 찡긋 미소를 보냈다. 언니의 반응 또한 똑같았다. 나는 몇 번을 그렇게 했다(신뢰할 만한 답변을 해 주었다면 믿고 기다렸을 텐데).

조금 더 있자, 드디어 언니가 손짓하며 나오라 했다.

"어, 이번인가요? 감사합니다."

또 찡긋. 난 열심히 좋은 문화 만들기를 실천하느라 찡긋 미소를 보냈다. 토큰을 내려 하자, 언니가 받지 않고 되려 내 손에 200원을 쥐여 주었다.

내가 눈을 동그랗게 뜨고 놀라자,

"쉿!"

하며 기사 아저씨를 가리키면서 눈까지 껌뻑거렸다. 버스가 정차하자 어리둥절해 하는 나를 보고 언니는 빨리 내리라고 했다. 당시에 200원이면 적지 않은 돈이었다.

심부름을 마치고 오면서도, 또 그날 이후 며칠 동안 왜 언니가 내게 200원을 쥐여 주었을까 생각했다. 도무지 의문이 풀리질 않았다. 나는 그날의 상황을 심도 있게 추적해 보았다.

내가 그날 특이하게 굴었던 점 중에 어떤 것이 있었나?

바로 찡긋하는 미소였다! 나는 거울을 보면서 언니에게 날렸던 미소를 다시 지어 보았다.

아뿔싸!

연습 좀 하고 웃어 줄걸. 나의 미소는 그 외국인 남성의 미소와는 많이 차이가 났다. 울고 싶었다. 언니에게 200원을 돌려줄 수도 없었고…….

그 돈으로 난 그냥 초콜릿을 사 먹었다(그 시절에 초콜릿은 꽤나 비싼 과자였다).

'언니, 내가 훌륭하게 되면 꼭 100배로 갚을게요!' 하고 다짐을 잠깐 하면서…….

나의 미소 실천은 그렇게 딱 한 번으로 끝났다. 그 후 나는 거의 웃지 않았다. 내 미소에 자신이 없었다.

'아무나 예쁘게 웃는 게 아니구나!'

좀 무뚝뚝했지만, 그 맘 착한 언니는 특별한 문제가 없다면 지금도 같은 하늘 아래 있을 것이다.

'언니는 분명 복 많이 받고 잘 살고 계실 거예요!'

그렇더라도 만나고 싶은 마음은 없다. 너무 부끄러워서……. 대신 만배 그 이상으로 축복 받기를 기도한다.

지금 나는 새롭게 미소 연습을 한다. 어린 왕자가 별나라에서 이곳으로 왔기 때문이다. 그 어린 왕자님과 익숙해지려면 예쁜 미소가 필요할 것 같아서 다시 웃기 연습을 한다. 아들이 그랬다.

"엄마! 웃는 게 달라졌어. 행복해 보여!"

아마도 어린 왕자를 만나서 그런 듯하다(내게 찾아온 어린 왕자가 궁금한가요?).

상큼한 비누 향기와 복숭아 껍질 | 고등학교 |

대학교 1학년이던 해, 4월쯤이던가?

여학생들이 슬슬 색조 화장을 하기 시작했다. 나도 얼굴에 트윈케이크인가를 바르고 눈썹도 보강하고, 살짝 립스틱도 발랐다. 쉬는 시간이면 과 친구들은 화장실로 가서 화장을 고치기에 바빴다. 한 친구가 내게 말했다.

"별님아! 너 피부가 왜 그래? 꼭 복숭아 껍질 같아!"

순간 '복숭앗빛'을 잘못 들은 줄 알았다.

"복숭아 껍질? 내 볼이 이상해?"

"응, 복숭아 껍질! 이상해."

나는 거울을 자세히 들여다봤다.

오 마이 갓! 나도 참 바보 같다. 이런 상황을 친구가 알려 줘야 알다니. 물론 내 화장이 친구들과는 조금 다르다는 건 느꼈지만, 그건 단지 기술적인 문제라고만 생각했었다. 사실 볼이 좀 불편하기도 했던 것 같다. 기초 화장을 하지 않고 분을 발랐으니, 얼굴이 다 터 있었던 것이다.

왜 이런 현상이 벌어졌지? 또 곰곰 추적해 보았다. 난 거의 2년 넘도록 로션 같은 기초 제품을 바르지 않았다. 전에는 10대일 때라 그럭저럭 지나갔지만, 트윈케이크까지는 피부가 견뎌 내지 못했던 것이다.

세상에나, 왜 이런 일이 생긴 걸까? 음…… 어디서부터라고 말해야 하나?

내가 고등학교에 입학할 무렵에는 진학을 위해 연합고사라는 걸 봐야 했다. 체력장 점수 20점에 필기시험 점수 180점을 더해 모두 200점이 만점이었다. 학교는 소위 '뺑뺑이'라는 것으로 배정되었다.

중학교 3년 내내 국어 과목이 늘 신경 쓰였었는데, 아니나 다를까, 연합고사에서도 국어 점수가 제일 좋지 않았다. 특히 시와 관련된 문제가 나오면 틀리기 일쑤였다. 시는 읽는 사람의 느낌이 중요하다고 했으면서, 작가의 의도에서 벗어나면 영락없이 오답이라니.

수필도 마찬가지였다. 나의 생각과 작가의 생각을 일치시키기가 어려웠고, 더군다나 시험지에서 답을 고를 때 내가 공부했던 문제집 답안이 오답일 것이란 생각을 하며 꼭 내 마음대로 답하기 일쑤였다. 그럼 영락없이 문제집의 답안이 정답이었다.

고등학교에 입학하면 국어 과목을 어떻게 극복할지 심각하게 고민했다. 엄청난 고민 끝에 나는 나름의 대안을 찾았다.

첫째, 철저히 내 생각을 버리자.

둘째, 교과서를 충실히 읽자(선생님들께서 늘 하시는 말씀).

셋째, 교과서에 나오는 한자를 익히자.

넷째, 작가에 대해 모조리 외우자.

제일 중요한 다섯째, 매일 복습하자!

나는 다섯 번째 다짐을 정말 충실히 행했다. 50분짜리 수업의 내용을 복습하려면 90분 정도 걸렸다. 난 2년을 하루도 빼놓지 않고 이 다섯 가지를 실천에 옮겼다.

고등학교 2학년 때에는 사춘기였는지 공부를 왜 해야 하나 하는 생각에 많은 과목들을 도통 하는 둥 마는 둥 했다. 그렇지만 국어 과목만은 달랐다. 반 친구들이 다 졸려 하는 국어 시간에도 난 졸지 않았다. 복습해야 하니까 더 집중해서 수업에 임했다. 어쩌다 복습 시간이 부족하면, 소풍날 저녁이나 체육대회 날 저녁에도 보충해서 복습했다.

국어 과목 극복의 의지는 사춘기도 꺾지 못했다. 물론 학력고사 국어 점수도 만족할 만큼 나왔다. 문제는 내가 너무 심취했던지, 고2 때인가, 지금은 이름이 잘 기억나지 않는 작가의 수필에서 '세수한 얼굴…… 로션 냄새가 아니고, 비누 향 나는 여인이 아름답다'인가 하는 구절을 읽고 바로 실천에 옮긴 것이었다. 그 이후 난 로션을 바르지 않았다. 아름다운 여인의 향기를 내려고 거의 2년을 말이다(엄마한테 향수나 사 달라고 하지……).

뭔가 크게 잘못된 원인을 비로소 알았다. 오, 불쌍한 내 피부. 그 사람의 취향에 불과했던 것을 바보같이 따랐다니. 내 얼굴이 복숭아 껍질 같다는 이야길 듣던 날, 나는 바로 스킨과 로션을 바르기 시작했다. 영양크림도. 어머나, 이렇게 편하고 좋은 것을 이제야 알다니. 피부가 반짝반짝 윤이 다 났다. 물론 처음 로션을 발랐을 땐 좀 따갑기도 했지만.

 국어 점수 좀 잘 받아 보려고 너무 집중한 탓에 한 작가의 글을 충실히 이행하느라 내 피부는 메말랐고 복숭아 껍질 같다는 부끄러운 이야기도 들었다. 피부가 아팠던 것보다 주변 사람들이 내 얼굴을 보고 그동안 무슨 생각을 했을까 하는 민망함에 많이 속상했다. 스무 살, 한창 복숭앗빛을 발산할 나이에 복숭아 껍질 소리를 듣다니…….

 그리 정확히 표현해 준 친구에게 새삼 고맙다. 고등학교 시절에 한 2년 더 로션을 잘 발랐으면 지금은 피부가 좀 더 좋아 보일까? 아니면 화학 성분을 덜 취해서 그나마 이 정도일까? 피부과 박사님들에게 연구 좀 해 보라고 하고 싶은데, 임상 시험에 지원할 10대나 20대가 있을지 모르겠다.

꿈에 대하여

| 대학교 |

대학교 3학년 때, 제주도로 수학여행을 갔다. 그때는 목포에서 제주까지 배를 탔다(여행 경비를 아껴야 했기 때문에 서울에서 기차를 타고 목포까지 가서 다시 목포에서 제주까지 7~8시간 정도 배를 탔다. 돌아올 때는 비행기를 탔다. '비행기는 한 번 타 줘야지, 제주도인데' 하는 마음이었달까. 당시 과 대표가 무척 애를 썼다).

제주도 수학여행의 마지막 일정은 한라산 등반이었다. 그날 저녁에는 모두가 햇볕에 벌겋게 타서 따갑다고 난리를 쳤다. 딸기코가 된 동기를 놀리던 한 친구는 자신은 완벽하게 가려서 하나도 안 탔다고 좋아했는데, 머리를 묶어서 모자 옆으로 삐져 나왔던 양쪽 귀에 물집이 잡힌 3도 화상을 입은 것을 곧이어 발견하고는 엄청 아파했다. 아니, 물집이라니!

나는 로션도 안 바르고 다닐 만큼 무뎠기에 얼굴은 말할 것도 없고 두피까지 다 탔다. 3도까진 아니어도 2도 화상까진 입은 것 같았다(한 학기 내내 거의 탈피 수준으로 피부가 벗겨져 있었다. 우리 과 친구들 대부분이 그랬다).

그날 저녁, 친구들이 어디서 오이를 구해 왔는지 빨간 피부에 붙이는

등 다들 난리도 아니었다. 나도 몇 쪽 얻어 얼굴에 붙였다. 오이까지 구해 오다니! 다들 대단했다.

아무튼 힘들었지만, 한라산 정상을 다녀와서 모두들 뿌듯해 했다. 어쩌다 보니 둘러앉아 저마다 자기 꿈을 이야기하기 시작했다. 이제 곧 4학년이 되니까 진로 걱정을 할 시기였다. 친구들은 앞으로 하고 싶은 것에 대해 이야기했다.

특이하게도 독일의 유명 대학원에 가서 수학을 더 깊게 공부하겠다는 친구, 교수가 되겠다는 친구 등등. 귀에 물집이 생겼던 친구도 독일로 공부하러 가고 싶다고 했다(그 친구는 졸업 후 곧 교회 강도사님과 결혼했다).

모두들 나는 한 번도 생각해 보지 못한 어마어마한 꿈 이야기를 했다. 그 시절은 외국 유학도 쉽지가 않았던 때다. 동기들이 저런 생각을 할 때 난 도대체 뭘 했지? 난 기가 죽었다. 내 꿈이 너무 작은가?

난 정말 학생들을 잘 가르치는 선생님이 되고 싶었고, 답이 딱딱 정확하게 나오는 수학 과목이 좋아서 수학 교육과에 지원했다(사실 점수에 어느 정도 맞춘 것도 있긴 하다). 친구들은 나와는 달리 어마어마한 이야길 했다. 난 소소해 보이는 내 꿈이 부끄러워서 말을 안 했던 것 같다.

어릴 때부터 나는 선생님 놀이를 좋아했다. 아이들이 소꿉놀이할 때 난 학교 놀이를 했다. 출석부도 만들고, 교재도 만들면서 말이다.

초등학교 4학년 때던가. 우리 집 아래층에는 초등학교 2학년짜리 남자애가 살았는데, 그 애가 받아쓰기 시험에서 10점, 20점 받아 온다고 아주머니가 종종 속상해 하셨다.

"별님아! 그렇게 학교 놀이만 하지 말고 우리 ○○이 받아쓰기 80점만

받게 해 다오. 그러면 실내화 한 켤레 사 줄게!"

어린 나이였지만 아주머니가 날 믿고 인정해 주는 것 같아서 나는 열심히 그 애에게 받아쓰기 연습을 시켰다. 곧이어 그 애는 60점을 받아 오더니, 나중엔 진짜 80점을 받아 왔다. 내가 그동안 얼마나 정성을 쏟았겠는가? 두 살 위 누나의 말을 잘 들었던 ○○도 참 훌륭한 아이였다.

"아줌마! 80점 받아 왔으니 실내화 사 주세요!"

"알았어. 담에 사 줄게!"

난 곧 실내화를 받을 것이라고 잔뜩 기대하고 있었다. 그런데 아무리 기다려도 아주머니는 사 주지 않으셨다. 난 무척 실망했다. 아이랑 한 약속이어서였을까. 그냥 지나간 말로 한 것이었을까. 너무 속상했다. 아니, 자기 아들이 80점을 받을 수 없다고 생각한 건가? 그래서 나와 약속한 건가? 실내화를 못 받아서가 아니었다. 약속한 거니까. 약속은 지켜야지!

우리 엄마의 교육 방침은 이랬다.

1. 절대 거짓말하지 않는다(과격한 표현이지만, 목에 칼이 들어와도).
2. 약속은 꼭 지킨다(목숨처럼 생각해야 한다).
3. 약한 자에겐 부드럽게, 강한 자에겐 강하게(반대가 되면 비겁한 인간이다).
4. 숙제는 학교 다녀오자마자 바로 한다.

난 엄마에게 약속을 목숨처럼 생각하라고 배웠는데, 왜 어른이 약속을 안 지키는 것인지 이해할 수 없었다(지금도 난 빈말하는 것을 정말 싫어한다. 그래서 상처도 많이 받는다).

너무 속상했다. 참을 수가 없었다. 다시 말하지만, 실내화를 받지 못해서가 아니었다. 약속한 거였기 때문이다!

아마도 한참 지나서 실내화를 받았던 것 같다. 어린 맘이었지만 기분이 개운치 않았다. 내 기억으론 엄마가 한 소리 하셨던 것 같다. "애들이랑 한 약속일수록 더 잘 지켜야지!" 하고…….

아무튼 난 가르치는 걸 좋아했고, 잘 가르쳤다. 중고등학교 때도 특히 수학은 나의 설명이 수학 선생님 설명보다 더 이해하기 쉽다고 친구들이 내게 많이 물었다(지금도 수학을 전혀 모르는 사람에게 미분과 적분을 이해시킬 수 있다고 자신한다. 내가 수학을 잘해서가 아니라, 이해를 잘 못해서 혼자서 고민을 많이 해서 그랬던 것 같다. 모르는 부분은 대부분 비슷하니까). 그래서 선생님이 되겠다는 것 이외에 다른 것은 생각해 본 적이 없었다. 제주도 수학여행의 마지막 밤 직전까지 내 꿈을 부끄러워해 본 적은 전혀 없었다.

제주도에서 돌아온 후, 난 중대한 계획을 세웠다.

방학 내내 고민해서 꿈에 대해 점검할 방법을 생각해 냈다. 앞으로 어떻게, 무엇을 목표로 살아갈 것인가를 하나님께 묻기로 했다. 그 방법으로 한 학기, 대략 4개월가량 한 끼 금식을 하며 기도하기로 정했다.

아침 금식은 얼떨결에 안 먹는 것 같고, 저녁 금식은 다이어트 같아서 점심 금식 기도를 하기로 정했다. 제일 하기 힘들 것 같아서 택했다. 친구들과의 점심은 물론, 자판기 커피도 크래커도 잠시 멈추기로 했다.

동시에 「잠언」을 매일 한 장씩 읽기 시작했다.

'하나님께 묻는 것이니, 하나님 말씀을 집중해서 읽어야지! 뭐라 말씀

하실까?'

간절한 마음으로 기도하며, 매일 성경을 읽었다. 너무 답답했다. 정말 중요한 인생의 문제라고 생각했다. 꼭 답을 들어야 했다. 정해 놓은 대로 「잠언」을 읽던 중(몇 번째 읽던 중이었는지는 기억이 나지 않는다) 드디어 내 마음에 깊이 와닿는 말씀을 발견했다.

"유덕한 여인은 존영을 얻고……."(「잠언」 11장 16절)

와~~! 그래. 존영한 여인이 되는 것! 그때부터 내 삶의 목표는 '존영한 여인'이 되는 것이었다. 나는 다짐했다.

'꼭 존영한 여인이 되리라!'

그리고 당당히 '현장에서 학생들에게 좋은 가르침을 주는 선생님이 되겠노라.'라고 결심했다. 그 이후 나는 유학 가서 박사 되는 꿈이든, 대학 교수가 되는 꿈이든 내 꿈과 비교하지 않았다. 내가 정말 좋아하는 학생들을 가르치는 것, 학생들이 모르는 것을 깨우쳐 주는 좋은 선생님이 되는 것이 조금도 부끄러운 꿈이 아니라는 것을 깨달았다.

그렇게 4개월, 한 학기 점심 금식 기도는 큰 답과 함께 끝까지 은혜롭게 마무리되었다. 하지만 '유덕한 여인의 삶이란 어떤 것인가?'에 대한 고민은 다시 시작되었다(사실 내가 살아온 대부분의 결정은 이 말씀이 기준이 되었다고 감히 말할 수 있다).

유덕한 삶! 그것도 '유덕한 여인의 삶.'

이 부분은 아직도 어렵다. 기독교이지만 유교, 불교 사상 등이 뒤섞인 우리나라에서는 사실 무척 헷갈리는 부분이다. 특히 여성상에서 더욱 그랬다. 사회적으로 요구되는 것들이 참 힘들었고, 과감하게 타개해 나가기에 나는 용기가 없었다. 정답이 아닐까 봐 손을 들었다 내렸다 하는 그런 별님이였으니까. 그리고 한번 정하면 끝까지 해내야 한다는 충성심 가득한 별님이였으니까. 그저 묵묵히 인내하는 것 이외엔 별다른 능력이 내게는 없었다. 묵묵히 인내하며 견디어 내는 것 또한 강력한 자기주장의 일환이라고 스스로 논리를 펼치기도 했다. 지금 이 시간까지도. '아,『성경』에서 말씀하는 덕이란 뭘까?' 늘 고민하고 있지만, 그래도 작은 성과라면 '『성경』에서의 기준은 뭘까?'로 고민의 범위가 축소되었다는 것이다. 하나님을 기쁘시게 하는 것이 덕이라 할 수 있지 않나? 돌고 돌아 여기까지 겨우 생각해 냈다.

난 참 무디고 둔하다. 대처 능력도 부족하고 느리다. 뭐든 생각이 정리되어야 움직인다. 하지만 '생각해서 정한 것은 끝까지 실천해 본다는 것!'이 나의 장점이다.

점점 지구가 빠르게 회전하고 있는 것 같은 요즘, 별나라로 돌아가기까지 하나님을 기쁘시게 하는 삶을 살려고 애쓴다면, 언젠가는 하나님께서 존영한 여인으로 세워 주시리라……. 그리 생각하니 소망이 생겼다.

지금 생각하면, 인생의 꿈에 대해 진솔하게 이야기했던 대학교 3학년 때의 그 시간은 참 아름답고 귀한 시간이었다. 그 덕에 '존영한 여인'이라는 멋진 꿈을 품게 되었으니까. 동기들아, 너희들이 품은 꿈은 어느 만큼 이루어졌니?

세상의 모든 꽃님이들에게!

| 에필로그 |

예배 시간 중 성도들의 뒷모습이 눈에 들어왔다. 각자 앉은 자리는 달라도 바라보는 곳은 같은 곳. 순간, '저분들도 각자 귀한 사랑 이야기가 있겠구나, 하나님과의 사랑 이야기!' 하는 생각이 들었다. 시간을 지켜 정성스럽게 준비하고, 예배당에 앉아 있는 뒷모습이 아름다웠다.

'나뿐 아니라 성도들 모두가 사랑 때문에 이 자리에 있구나! 각양각색의 사랑 이야기를 가슴에 품고서…….' 이런 생각이 들자 믿음과 신앙이란 '하나님과의 러브 스토리'라는 정의가 내려졌다. 예수님과 처음으로 만났을 때의 애틋하고 아름다운 사랑을 기억해 내고, 유지시키고, 발전시키려고 애쓰는 성도들의 뒷모습이 모두 귀하고 사랑스럽다.

모두가 꽃들이다. 수많은 꽃들이 각각의 꽃말을 지닌 것처럼, 한 사람 한 사람 각자의 아름다운 사랑 이야기를 지닌 꽃님이들!

그 후로 한 분 한 분의 성도들이 귀하고 아름답게 보였고, 더욱 존중되어야 하는 귀한 영혼이라는 생각이 깊어졌다. 모두가 이 땅에 내려와

주어진 상황 속에서 뿌리내리고 견디어 내며, 꽃을 피우고 씨앗을 남기고 별나라로 귀환할 아름다운 꽃님이들이다!

　시간이 서서히 흐르면서 자신이 꽃이라는 것을 각성해 가니, 꽃만 보면 가족 만난 기쁨으로 사진을 찍고 꽃밭이라도 눈에 띄면 꽃들과 함께 가족사진을 찍느라 행복해 하는 것이 아닐까 싶다.

　존중되어야 마땅한 꽃님이들! 사랑 받기에 충분한 꽃님이들!
　꽃님이들이 함께하니 어디든 꽃밭이 된다. 꽃밭 속의 지저분한 것들도 모두 거름이 되고 양분이 될 것이다. 나와는 비록 다르지만 삶이라는 비슷비슷한 맥락 속에서 그동안 애쓰며 살아온 세상의 모든 꽃님이들에게 애틋한 사랑과 존경을 전한다.

꽃님이들에게 별님이가 씀.

움직씨와 꾸밈씨

| 추신 |

아버지를 떠올리면 생각나는 단어가 움직씨와 꾸밈씨이다. 이는 바로 동사와 형용사를 일컫는 것이라고 아버지께 배웠다.

사춘기에 들어서면서부터 나는 아버지와 한 공간에 있기가 힘들었다. 거기에 크게 영향을 미친 단어가 움직씨와 꾸밈씨였다. 아버지는 대학에서 국어 국문학을 전공하셨고, 내가 태어나기 전에는 고등학교에서 국어 교사 생활도 잠깐 하셨다고 엄마에게 들었다. 중학생 때 나는 국어 과목 시험 준비를 하는 도중에 아버지께 질문 한번 잘못 했다가 거의 90분 강의를 들은 적이 있다. 그 일은 '다시는 아버지께 질문하지 않으리라!'라는 다짐의 계기가 되었다.

"아버지, 요즘은 그렇게 안 해요. 동사, 형용사라고 하지!"

하지만 아버진 모처럼 말을 걸어온 딸에게 당신이 아는 모든 걸 가르쳐 주고 싶으셨나 보다. 지금 생각해 보니 그러셨던 것 같다. 명사, 부사, 그 외 다른 용어들도 많았는데 귀를 닫아 버려서였는지 지금은 생각이 나질 않는다. 하지만 아버지께서 말씀하실 때 한글 표현이 아름답다는 생각은 했던 것 같다. 지금은 여쭤볼 수도 없으니 그때 더 잘 들어 둘걸 아쉽다.

별님이에게 다시 편지를 쓰다 보니, 나는 참 무뚝뚝한 딸이었는데 아버지는 요즘 말처럼 '딸 바보'였구나 하는 생각이 들었다. 어릴 적 아버지와의 추억이 제법 많이 떠오른다. 재미난 에피소드들도 많다(다음 기회에 별님이에게 적어 줘야지).

아이를 낳고 기르면서 엄마의 심정은 많이 헤아려졌지만 아버지의 마음은 여전히 잘 이해되지 않았다. 지금 생각하니 정말 해석이 필요했던 것 같다(남편과 딸을 보면 양쪽의 심정이 이제야 좀 이해가 된다).

맏딸이 결혼하기 일주일 전부터 "여자는 시집가면 고생"이라고 딸을 볼 때마다 울먹이시던 아버지. 엄마를 고생스럽게 한 것은 알고 계셨나 보다.

내가 일곱 살 때였던가. 친구 집에 놀러 가다 발을 헛디뎌 건물 2층에서 떨어진 적이 있었다. 동네 아주머니가 발견했고 이름 모를 아저씨가 나를 업고 병원으로 뛰었다고 한다. 자세한 상황이 기억나지 않는 걸 보면 아마 난 기절했던 것 같다.

"어흐흑흑!"

내 머리맡에서 아버지의 울음소리가 들렸다. 초상집에서나 들을 법한 통곡 같았다. 천장은 뱅글뱅글 돌고 가슴속은 울렁울렁 파도가 심할 때 배를 탄 것 같기도 해서 도저히 눈을 뜨고 있을 수 없었다. 그 와중에 아버지는 내 머리맡에서 계속 울고 계셨다.

"별님아! 어떻게 하니, 어떻게 사니……."

나는 '아픈 건 난데, 왜 아버지가 울까?' 하고 생각했다.

그때만 해도 나는 울지 않는데 아버지가 왜 울고 계신지 이상했다. 아버지의 울음소리 때문에 오히려 난 울지도 못했다.

며칠이 지나 좀 살 만해졌을 때, 나는 엄마에게 물어보았다.

"엄마! 내가 다쳐서 아픈데 왜 아버지가 막 울고 그래? 애기같이 창피하게."

"예쁜 별님이 얼굴이 많이 다쳐서 아버지가 너무 속상해서 울었지."

엄마는 한동안 내가 거울을 보지 못하게 하셨다. 어쩌다 거울에 비친 내 모습에 내가 놀랄 정도였으니 부모님 마음이 얼마나 아프셨을까? 자식을 키워 보니 아버지가 왜 그리 슬프게 통곡하셨는지 알 것 같다. 어느 정도 회복된 후에 밖에 나가니 동네 아이들이 만화 〈마징가 Z〉의 '아수라 백작' 같다고 놀렸다.

꽤 오랜 기간 나는 치료를 받아야 했다. 얼굴에 흉터가 남지 않게 하는 치료는 그때 당시에는 정말 비명을 지르지 않고는 받을 수 없을 만큼 아픈 것이었다. 부모님으로부터 받는 관심과 사랑을 당연하게 여기며 무심히 살아왔는데, 엄마와 아버지께서 나를 방치하지 않고 끝까지 최선의 치료를 받게 해 주신 것에 대해 새삼 감사한 마음이 든다.

제대로 된 치료를 받지 못했다면 지금과는 또 다른 어려움이 있는 삶을 살았을 것이다. 물론 나를 발견하고 업고 뛰어 주신 분들께도 감사드린다. 지금도 이마에는 그때의 흉터가 남아 있다. 정말 엄청난 사고였다.

눈물 많았던 아버진 결국 맏딸 결혼식에서도 혼자 눈물을 훔치셨다. 소리 내진 않으셨다. 아버지 말씀에 조금만 더 귀 기울일걸 하는 아쉬움이 크다. 그저 지루하게만 느껴졌던 말씀 한마디가 값비싼 골동품처럼 나의 삶에 귀한 자산이 되었을 텐데……

나의 자녀들도 그들이 지나야 할 시간들을 보내고 나서, 때가 되어야 지금의 내 느낌을 알게 되겠지? 그렇지만 "내가 이랬으니 너희는 그러지 마라!" 하며 미리 강요하고 싶지는 않다. 그 또한 그들의 미래를 빼앗는 것이 아닌가 싶다.

지금은 장성한 자녀들이 그동안 쌓은 밑거름으로 자신들의 삶을 주체적으로 살아가 보는 것이 중요하다고 생각한다. 잘 살아가리라 믿고 있고, 혹시나 후회가 생기더라도 후회 또한 또 다른 깨달음으로 이어질 것이다. 그저 매 순간 책임감 있게 결정해 가며 자신 있게 살아가길 기도할 뿐이다.

모든 기쁨, 노여움, 사랑, 즐거움을 스스로 경험해 봐야 자신만의 창조물을 만들어 낼 테니까. 그들도 그들만의 아름다운 꽃밭을 이루어야 하니까. 그리고 분명히 내가 가꾼 꽃밭과는 비교도 되지 않을 만큼 멋진 꽃밭을 가꾸리라 믿는다. 사랑해.

그들의 삶이 멋진 움직씨와 꾸밈씨로 채워지길 바라며. 이만 총총.

2025년, 움직씨와 꾸밈씨를 계속 채워 나갈 별님이 씀.

별님이에게 쓴 편지

나의 해바라기

수줍은 모습으로
고개조차 들지 못할 때
부끄러움 가득한 여리디여린 아이인 줄 알았다.

고개를 들어
하늘을 향했을 때
태양이 너의 모습에 반해 쫓아가는구나.

어색한 마음으로
고개를 돌려 보지만
이미 너의 가슴은 타들어 가기 시작했구나.

너를 따라 숨어 버린 이를
그리워하며
속 시원히 한번 울어 보지도 못한 여린 아이야.

다 타 버린 검은 가슴을 품고
속 모르는 하늘을 찾을 때
검은 보석을 지닌 작은 태양이 되어 있구나.

다시 날아오르다

파란 붓이 한번 지나가니
나는 이미 하늘을 날고 있다.

요동치는 심장으로
내 손은 떨려 오고
벅차오르는 감동으로
눈망울은 커다란 호수가 된다.

푸른 손끝이 지나자
나의 가슴은 벌써
일렁이는 거친 바다를 품는다.

하얗게 부서지는 파도는
내 코끝에
바람의 향기를 던진다.

마주치는 바람을
이제는
타고 오르는 한 마리 갈매기처럼
나의 작은 소망도
다시 날아오른다.

가을 구름

참 곱다.
뽐내려는 것이 아니라는 것을 알지만
자꾸만 보게 된다.
조용한 향연을 펼치는
소리 없는 오케스트라 연주 같다.

평화롭고
고요하다.

빛을 받아 걸러 내고
담백한 모습으로
나를
우리를
행복하게 한다.

꽃과의 이별 이야기

방글방글 웃어 주던 꽃잎들이
오늘은
너무나 조용합니다.

궁금한 마음으로 인사를 건네니
어린 왕자의 마지막 이야기처럼
슬프고도 아름다운 이야기를 합니다.

아침 이슬로 눈물을 닦아 내고
찬란한 햇살에 잠시 웃고
별빛에 위로를 받아 외롭지 않았노라.

이제 밤이 되면
방글방글 하늘하늘한
여린 별빛을 찾아보라 합니다.

빛바랜 담담한 미소는
영원히 기억에 남을
숭고한 별빛이 됩니다.

눈물

눈물이 흐른다.

이제는 가슴이 아프기도 전에
눈물이 먼저 흐르고 있다.
참아 왔던 나의 마음인가 보다.

수돗물 소리가
내 울음소리를 대신했고
슬픈 영화를 빗대어
눈물을 흘렸다.

통곡은 가슴의 울림으로 먹어 버리고
흐르는 눈물을 막아 둘 여유조차
이제는 더 이상 없나 보다.

눈물이 뜨겁고 또 차갑게 흘러내린다.
조용히 조용히 흐른다.

어느 만큼 흘러야 내 가슴은 가벼워질까.
호수를 이룰 만큼일까,
바다를 이룰 만큼일까.
내 가슴은 고작 내 손바닥 크기인데.

잊고 있다가도
어디서 고여 있다 나오는지
흐르는 눈물을 주체할 수가 없다.

그래도
잊고 지내는 날수가
많아 다행이다.

다시 꿈을 꾸어도 되나요

제가
다시 꿈을 꾸어 보아도 되나요.

깊은 심연에서 아무 소망 없던 제가
다시 꿈을 꾸어 보아도 되나요.

부끄러움과 후회로 뒤엉켜 버린 제가 감히
다시 꿈을 꾸어 보아도 되나요.

부끄러움 무릅쓰고 살아 보겠다고
고개를 들고 넘실대는 파도 속에서
당신을 바라봅니다.

바람결인지 물결인지
내 맘에 속삭이듯 스며드는 이 마음

주님 앞에서
다시 꿈꾸어 보아도 되나요.
이 모습 이대로
다시 꿈을 꾸어 보아도 되나요.

온전히 나를 드리겠다는 고백이
아직은 내 입술에서 맴돌 뿐입니다.

자신마저 없습니다.

그래도
이제는
주님 앞에
다시 꿈을 꾸어 보고 싶습니다.

주님, 허락하소서.

소소한 행복

사랑의 마음을 담아 보내 주신
친정 엄마의 맛난 정성을
한 움큼 시원하게 덜어
나누어 주는 친구가 있으니
분홍빛 따뜻한 행복을 느낀다.

들판을 푸르게 수놓았던
고향의 검은 보리 한 봉을
아낌없이 건네받을 때
마음 가득
눈부시게 푸르고
고수운 행복에 뒹굴게 된다.

한 움큼의 정성과
한 봉의 애틋함이
굳어 가는 마음 폭신하게 하고
깔깔대던 천진한 웃음소리 되찾게 하는
달콤한 행복이다.

멀리멀리
행복의 향기가 날아가
사랑하는 친구들에게도
전해졌으면
……

나리꽃

먼발치에선
그저 화려한 모습인 줄로만 알았다.

조금씩 조금씩
너를 알아갈 때
바람결에 흔들리며
구름결에 눈물지으며
뜨거운 햇살에 타들어 가며
소망을 지켜 내려는
절절한 몸부림인 줄
비로소 알게 되었다.

너의 생명이 다하기까지
외치는 화려한 몸짓이었다.

신비한 숲속

나뭇잎 사이로
하늘이 빼꼼히
들여다본다.

보랏빛 꿈은
아지랑이를 타고
꿈틀꿈틀
하늘을 오르고

키 작은 풀잎도
까치발 돋우며
재잘재잘 싱그러운
합창을 한다.

덩달아 춤추는
나뭇잎 보고
하늘도 많이 궁금했나 보다.

겨울 하늘

코끝 시린 하늘을
가슴에 담고 싶어
깊이 숨을 들이쉰다.

쨍쨍한 겨울 공기는
차가운 알코올 솜처럼
가슴 깊숙이 숨겨 둔
묵은때들을 벗겨 낸다.

따듯한 입김이 몽글몽글 구름이 되어
하늘 닿은 나뭇가지에
새로운 소망을 걸어 두고

맑아진 눈은
내일을 꿈꾸며
겨울 하늘을 즐긴다.

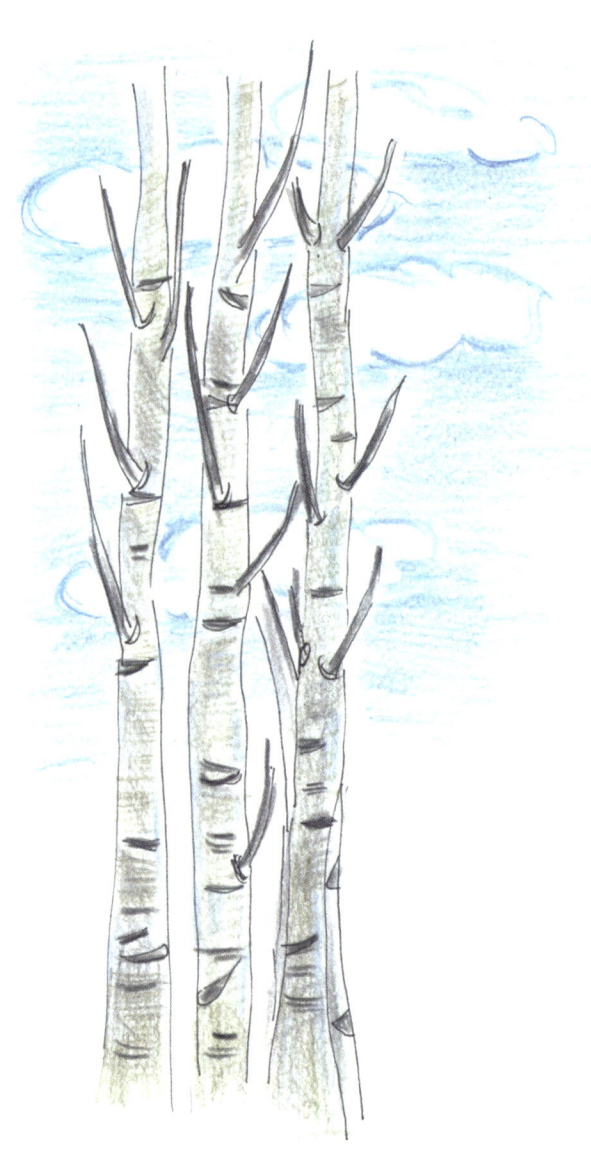

앞치마

행복한 미소로 주름을 편다.
혹시라도 놓친 구석이 있을라
소중히 들여다보면서
사랑하는 마음을 실어
꾹꾹 눌러 다림질한다.

함박웃음 짓는 그대의 얼굴을 그리며
어여쁜 꽃을 담는다.

꿈꾸는 듯한 소소한 기쁨을 기대하며
하늘하늘 붓질을 한다.

마음을 듬뿍 담아
사랑을 전하고파
정성을 그린다.

고백

가도 가도 끝이 보이지 않는
여정 속에 혼자인 줄로 알았습니다.

혼자인 줄로만 알았습니다.
혀가 말려 숨조차 쉬기 힘든

끝 모를 여정 앞에 서서
하루만 더, 한 걸음만 더
한 뼘만 더……
나를 다독이고 쓰다듬고
가련한 내 모습에 울부짖을 때에도

그저 혼자인 줄로만 알았습니다.

두 어깨는 짓눌림에 굳어지고
굽은 허리는 펼 수조차 없고
두 다리와 두 팔을 움직일 힘조차 잃어
이미 죽은 줄 알았습니다.

물기 하나 남지 않은 나에게
폭포수와 같은 당신의 향기가
항상 함께였음을
내가 죽은 줄 알았을 때
그때야 비로소
알게 되었습니다.

오그라들어 더 이상
쪼그라들 것조차 남지 않았을 때
항상 내 안에는 오아시스가 있었다는 것을 알게 되었습니다.

당신의 폭풍 같은 사랑은
나를 항상 감싸고 있었고
부드러운 미소는
언제나 나를 향하고 있었다는 것을
비로소
당신의 얼굴을 바라보았을 때
조용히 당신의 음성을 찾았을 때

그때 알게 되었습니다.

내가 보게 되었습니다

내가 보게 되었습니다.
늘 함께했음에도 보지 못했던
당신의 사랑을 보게 되었습니다.

내 마음 가득 터질 듯한 이 사랑
분명한 것은 내가 보게 되었다는 것입니다.
캄캄한 외로움, 무거운 적막감

내 주검조차 버려질까
두려운 어둠에 갇혔던 내가
이제 환한 빛을 보게 되었습니다.

더듬어 더듬어 출구를 찾던 내가
드디어 크신 사랑으로
눈을 뜨게 되었습니다.

당신의 옷깃이라도 잡는다면
당신이 말씀 한마디만 하신다면
간절히 기다렸던 이들의 심정을
조금은 알 것 같습니다.

그리고
그들의 환희가 어떤 것인지 또한
조금은 알 것 같습니다.

내게 새 눈을 주시고
새 호흡을 주신
당신!

내가 당신께 외칩니다.
내가 당신의 영광을 봅니다.
당신의 잔치에 참여합니다.

아까운 가을

행복한 자리에 앉아
이 가을을 만끽한다.

얼마 남지 않은 가을 끝자락이
몹시도 아깝게 느껴진다.

사랑하는 이들을 생각하고
사랑해야 할 이들을 그리워해 본다.

고요함 속에 가끔씩 들려오는 소음도
소중한 조연으로 느껴진다.

아까운 이 가을
모든 것이 너그럽고 풍요하게 느껴지게 하지만
정작 얼마 남지 않은
이 가을 자락만큼은
혼자 즐기기엔
아깝다는 생각이 든다.

모두가 함께 가을을 호흡하고 나누었으면 한다.
행복한 이 자리에서

낙엽

화려하게 자리를 내어 준다.
하늘빛은 쓸쓸하지만
그러기에 더욱 아름답게 빛난다.

거친 비바람에도
지켜 냈던 모든 것들을
이번만큼은 내어놓는다.

쓸쓸한 바람 탓에
눈물 나도록 아름다운 춤을 춘다.

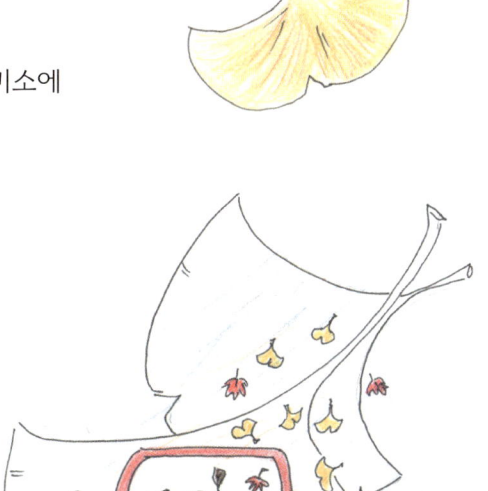

가까이에서 시선을 잡고
다시 한 번 기억해 달라 속삭이는 미소에
나도 화답한다.

너를 기억할게
가장 행복한 모습으로
……

친구들아!

왠지 모를 설레임
청년 시절의 친구들을 만난다는 마음에
며칠 전부터 기대가 된다.

푸른 꿈과 희망을 품을 때
만났던 친구들
각자의 길로 들어서 가고 있지만
오랜 시간 뒤 만난 모습에도
푸르름의 향기가 남아 있다.

이런 이야기, 저런 이야기
아로새겨진 친구들의 목소리가 아름답다.
상처도 있겠고
왜 눈물은 없었겠는가?

그래도 좁은 탁자에
머리를 맞대고 있는 모습은
푸르른 꿈을 꾸던 청년의 모습 그대로다.

아무런 조건 없이 그저 함께 나누었던
시간의 짧은 공유들은
각자 일치하지 않은 기억들이겠으나
조각처럼 이어져
행복의 추억을 간직한다.

친구들아!
지금도 꿈꾸자!
추억은 아련하고 아름답지만
내일의 추억을 담아 가자.
영원한 푸른 모습으로
가슴에 푸른 꿈을 안고 살자.

당신을 기억하고 싶습니다

포근한 잠자리에서 눈을 떴을 때
당신을 기억하지 못할까 두렵습니다.

그래서 기도합니다.

따뜻한 한 모금의 커피에도
당신을 기억하고 싶습니다.

소소한 풍경 속에서도
당신을 기억하고 싶습니다.

작은 소리들 속에서도
당신을 기억하고 싶습니다.

누군가와 대화 중에도
당신을 기억하고 싶습니다.

평범한 하루를 마치고 누울 때에도
당신을 기억하고 싶습니다.

나의 기도를 기억해 주시고
나를 기억하소서.

당신이 가장 원하는 그대로
제가 당신을 기억하고 싶습니다.

마음 편한 수다

호호호 하하하
활짝 웃는 얼굴이 아름답다.

마음을 열고 가슴을 열고
수다 꽃을 피운 하루.

웃음소리에 소원을 싣고
화답함에 꿈이 실린 하루

내 눈물을 알고 다독이고
너의 소망을 나누고 응원하고

어느 꽃구경보다 아름답고
어디 단풍놀이보다 즐거움이 솟아난다.

단 하나의 사랑으로
기쁨을 나누고

호호호 하하하
행복한 하루.

비 오는 날 우체국 가는 길

한 아름 마음을 곱게 안고
빗소리에 리듬 맞추어 걷는다.

솜사탕 같은 마음이 비에 젖을까
분홍빛 걱정에 마음이 즐겁다.

우산 밖 연보랏빛 하늘도
내 기쁨이 녹아질까 걱정이구나.

쿵작작 쿵작작
내 따뜻한 마음은 걱정이 없단다.

내게는 우산이 있고
내 마음 받을 이들이 있기에 행복하단다.

일기

오늘도 문득
무거운 돌 하나를
주님 앞에 내려놓습니다.

그리고 기도합니다.
분명 이쁘게 다듬어
내게 기쁨 되게
돌려주시리라는 믿음으로.

나도 모르는
내 밑그림을
하나님께서는
더 잘 알고 계시겠지요?

소망을 담아
나의 무거운 돌을
주님 앞에 내려놓습니다.

그리고
날개를 단 듯 날아오릅니다.
하나님, 소망의 하나님.

사마리아 수가성의 여인

문지방 넘기에도 커다란 용기가 있어야 했습니다.
살아 있는 목숨 이기게 목마름을 면하고자
물동이 하나 들고
온 힘을 다한 용기로
길을 나섰습니다.

누구도 모르는 올무 속에 갇혀
한 걸음 내딛기가 결코 쉽지 않았습니다.
누군가 알아볼까 눈꺼풀조차 들지 못했습니다.

내가 무엇을 원하는가?
생각조차 사치였습니다.
그저 단 한 가지 목마름을 면할 물 한 모금뿐…….

그런 내게 나타난 당신은
이전 일은 기억하지 말고
옛날 일은 생각하지 말라 하시며
나를 통하여
찬양 받기 원하신다 하셨습니다.

그 한마디에
잊고 있었던
나의 꿈, 나의 소망
당신은 내게 가장 소중한 것부터
찾게 하셨습니다.

물동이를 던져 놓고
올무의 허상을 벗고
박차고 나아가
누군가와 눈을 맞추며
당신으로 인한
행복을 전합니다.

보라!
내가 새것이 되었도다.

엄마가 딸에게

어느 만큼 손을 잡고 가야 할지
어느 때쯤 손을 놓아야 할지

아직도 모르겠단다.

처음 나서는 길이라
언제나 두렵고 어려웠단다.

처음이 한 번이 아니고
매일매일이 처음이었단다.

아무도 밟지 않은 새하얀 눈밭의
기쁨을 주고 싶었고

꽃잎이 흩날리는 꽃길의 황홀함을 주고 싶었고
돌부리 없는 고른 길을 뛰듯이 걷게 하고파

애를 썼지만
네가 행복했는지 모르겠구나.

지금도 서툰 마음으로 사랑을 고백하고 있지만
너의 세련된 미각에 맞을지 잘 모르겠구나.

그래도
노을이 아름다운 어느 외로운 저녁에는
너를 사랑하는 한 여인이 있었다는 것을
꼭 기억하기 바래.

사랑하는 나의 딸아!

사랑하게 하소서   　　　　　　　　　　- 며느리를 맞으며

포로롱 하고 날아들었습니다.
방글방글 노랫소리도 고왔습니다.

내 가슴에 둥지를 틀고
어여삐 고개를 들어
지저귀는 아기 새처럼
신기한 기쁨으로 찾아왔습니다.

더 넓게 더 깊게 사랑하게 하소서.

알을 깨고 나오는 버거움도 있었겠지요.

다른 세상으로의 두려움도 있겠지요.

눈물 고이지 않도록
가슴 시릴 일 없도록
곱게 이쁘게 사랑하게 하소서.

훨훨 창공을 가르고 날기까지
새로운 둥지를 틀
준비를 마칠 때까지
포근하게 아늑하게 사랑하게 하소서.

꽃으로 살고 싶습니다

나 어릴 적 꽃이 되고 싶었습니다.

노랑나비 흰나비 날아드는
예쁜 꽃이 되고 싶었습니다.
모두가 이쁘다고 바라보는
아름다운 꽃이 되고 싶었습니다.
화려함 속에서도 더욱 빛나는
매혹적인 꽃이 되고 싶었습니다.

지금, 나는 꽃으로 살고 싶습니다.

나눌 것이 있기에 찾아오는 이 있는
너그러운 꽃으로 살고 싶습니다.
행복하기에 행복이 전해지는
넉넉한 꽃으로 살고 싶습니다.
은은한 향기로 기쁨을 줄 수 있는
수수한 꽃으로 살고 싶습니다.

누구나 좋아하는
꽃의 비밀을 이제야 알았습니다.

예수님이 이 땅에 오시지 않았다면

예수님이 이 땅에 오시지 않았다면
동방의 박사들은 밤하늘에 크게 빛나는
왕의 별을 만나지 못했겠지요.

예수님이 이 땅에 오시지 않았다면
한밤의 목자들은 천사들이 전하는
큰 기쁨의 좋은 소식을 전해 듣지 못했겠지요.

예수님이 이 땅에 오시지 않았다면
무거운 짐 진 이들은 편히
쉴 곳을 찾을 수 없었겠지요.

예수님이 이 땅에 오시지 않았다면
살아갈 이유를 찾고 있는 이들은
새 소망을 얻지 못했겠지요.

예수님이 이 땅에 오시지 않았다면
……

예수님이 이 땅에 오신 것은
온 세상 모든 이들에게 큰 축복입니다.

메리 크리스마스!

아들에게

아들아!
선녀의 날개옷을 찾았다며
길 떠나는 아들아!
밝고 명랑했던 너의 어릴 적 모습을 담고
땀 흘리고 뛰놀던 행복을 넣고
꿈꾸던 너의 꿈을 싣고
푸른 길을 나서는 아들아!

힘들면 쉬어도 된다.
무거우면 잠시 내려놓아도 된다.
항상 너와 함께하는 이가 있다는 것을
잊지 말아라.

눈동자와 같이 너를
지키는 이가 있다는 것을
명심하여라.

가슴을 펴고
고개를 들고
당당하게
너의 길을 떠나라.
나의 멋진 아들아!

우리들의 이야기

밝은 미소가 반갑습니다.
따뜻한 귀 기울임이 행복합니다.
짭조름한 눈물도 정겹습니다.
세심한 손끝이 소중합니다.
부지런한 발걸음은 힘이 됩니다.

보석 같은 저마다의 사랑을 가슴에 품고
밤하늘에 빛나는 별들처럼
제각기 아름다운 꽃말을 지닌
수많은 꽃들처럼
그대는 그대이기에 참 곱습니다.
고운 이들이 함께하니 더욱 곱습니다.

반갑고 행복하고 정겨웁고 소중하고
힘이 되는 이야기가
바로
우리들의 이야기입니다.

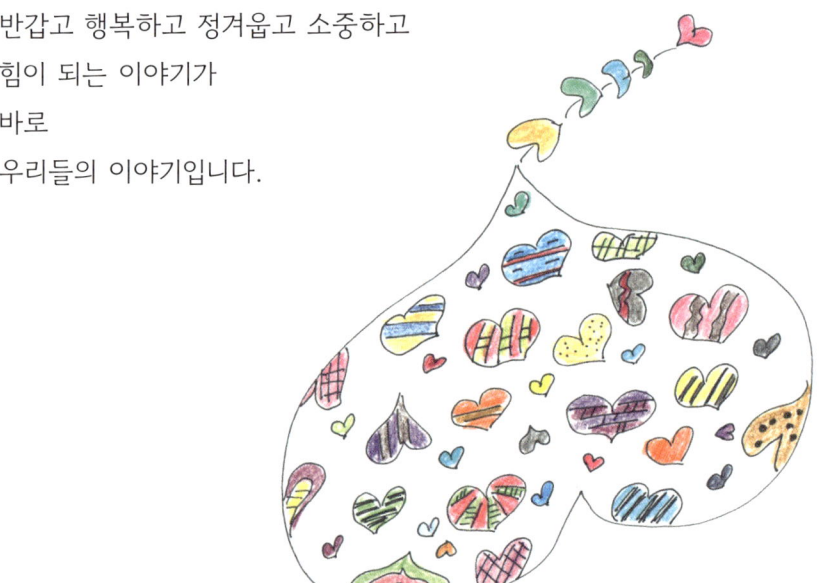

내가 진정 자랑해야 할 것

나를 받아 주소서.
당신의 품에 숨고 싶습니다.

여기를 봐도 저기를 봐도
온통 부끄러운 모습뿐입니다.

당신의 지혜를 나눠 주시고
당신의 은혜를 허락하소서.

분별없는 어리석음으로
편한 잠을 이룰 수가 없습니다.

허탄한 삶이 아닌 오직 당신의 사랑만을
기뻐하고 자랑하게 하소서.

태양을 싣고 밀려오는 커다란 파도처럼
소망의 감격으로 아침을 맞게 하소서.

나에 대한 위로

오늘도 다듬어 갑니다.
후회로 내려치고
부끄러움으로 달궈지고
눈물로 담금질하고
아픔으로 세련되어 갑니다.

어제보다 오늘이
오늘보단 내일은
덜 뾰족하고
덜 거칠고
덜 미숙해지길 기대합니다.

후회도 감사하고
부끄러움도 감사하고
눈물도 감사하고
아픔도 감사합니다.

내일은 좀 더 다듬어진
나의 모습을 꿈꾸며
어리석은 나를
위로해 봅니다.

입맛이 살아 있는 아침

아침에 눈을 떠
또 이렇게 일상을 준비한다.

어제의 번민은
아무것도 아니었던 것처럼

새로운 아침을 맞이할 수 있는
내 모습에 감사와 칭찬을 한다.

살아가고 살아 내야 할 삶이라면
오늘 하루 또 이렇게 시작해야지.

따뜻한 커피 한 잔과 빵 한 조각으로도
행복한 아침을 느끼는

입맛이,
살아 있는 감사이다.

기도

참새 한 마리가 작은 금액에 팔리는 것도
당신께서 허락해야 가능하다는 것을
잊지 않게 하소서.

길쌈을 하지 않아도 아름다운 옷을 입고 있는
백합을 보며 당신의 섬세한 사랑을
보게 하소서.

출렁이는 외줄 위의 삶이지만
나를 통하여 영광 받기를 원하시는
당신의 품속이란 것을 상기하게 하소서.

당신만을 바라보고 가야 한다는 것을
머리로만 기억하게 하지 마시고
전심으로 품고 가게 하소서.

그 어떤 경우에도 나를 놓지 않으시고
부끄럼 당하게 하지 않으시는
나의 참 보호자임을
나의 온몸에 각인되게 하소서.

이렇게 늘 기도하지만
작은 바람 소리에도 놀라고
약한 흔들림에도 주저앉습니다.

지금도 당신께 소리칩니다.

나를 도우소서. 나를 건지소서.
믿음 약함을 꾸짖지 마시고 안아 주소서.
매일 아침 내리는 이슬과 서리처럼
일출의 경이로움과 일몰의 장관처럼
당신과 함께함을 항상 느끼게 하소서.

어느 날 여행 일지

부푼 마음으로 출발한 여행
축지법이라도 써서
어딘지도 모를 곳을 향해
달려가고 싶었어요.

분주하게 지나온 일정에
그냥 지나쳐 온 것도 많고
기억에 담지 못한 것도 많고
아쉬움마저 들어요.

계획이 많아서인지
체력이 모자라서인지
어설프기 그지없는 여행자의 모습이
가엽게도 느껴져요.

다음에? 다음엔!!
새로운 여행을 생각해 보지만
뭐 또 얼마나 잘 할 수 있을까
다음에 대한 기약은 용기가 나지 않아요.

여행은 출발 준비의 설레임
오감으로 느끼는 기억들
함께한 이들과의 추억
집으로 돌아감의 행복인 건 다 알고 있지요.

지나온 여정의 어설픔은 뒤로하고
그냥 천천히 느린 걸음으로
내 앞에 펼쳐진 남은 일정을
소중하게 알뜰하게 챙길까 해요.

이제는 나의 길을 가련다

너는 너의 길을 가라.
나는 나의 길을 가마.
매달리지도 말고
붙잡지도 말자.
각자의 길을 걷다 보면
만날 곳도 생기겠지.

한 번뿐인 소중한 인생
너는 너의 꽃을 피우고
나는 나의 열매를 맺어 보자.
다른 꽃을 피운다 해서
다른 열매를 맺는다 해서
아쉬워하지 말자.

비바람도 만나 보고
추위와 더위도 느껴 보면
왜 그런 꽃을 피웠는지
왜 이런 열매를 맺었는지
서로가 알게 되겠지.

시간은 흘렀으나
용기 내어 가다 보면
어딘가에 놓고 왔던

꿈도 다시 찾게 되겠지.

눈물 나도록 반가운
이제는 나의 길을 가련다.

바람 부는 봄날

바람이 분다. 바람이 분다.
봄바람이 불어 댄다.
후회의 보따리는 던져 버리라고
묵은 먼지는 털어 버리라고
힘차게 힘차게 불어 댄다.

기세에 밀려 떠나가는 계절은
잊지 말아 달라고
차갑게 귀에 대고 속삭인다.
소중한 기억은 가지고 가라고
매섭게 매달린다.

기다리지 않아도 세월은 오고
보내고 싶지 않아도,
아쉬움인 건지
다행인 건지
오늘은 간다.

흙먼지에 가려진
봄의 하늘을 바라보며
높은 하늘 끝 어딘가의
비구름을 찾으려
길게 목을 빼고 푸른 꿈을 호흡한다.

달콤했던 기억을 깨워 줄 향기와

아직은 확인하지 못한 꽃을 불러낼
봄비를 기다리며
내 마음 소망의 씨앗을
들뜬 맘으로
봄바람에 실어 보낸다.

바로 알게 하소서

제가 어디에 있는지 바로 알게 하소서.
당신의 뜰에 거하게 하시고
당신의 말씀을 준행하게 하소서.

제게 있는 것이 무엇인지 바로 알게 하소서.
그것이 어리석은 올무가 되게 하지 마시고
당신의 향기로 나타나게 하소서.

무엇을 해 주길 원하느냐 물어보실 때
허탄한 것을 구하게 하지 마시고
꼭 필요한 것을 구할 수 있는 지혜를 주소서.

내가 어디에 있는지 찾으시고
내게 무엇이 있는지 물으시고
내가 무얼 원하고 있는지 궁금해 하시는 주님.

늘 내게 집중하시는 당신의 사랑과 같이
저도 당신께만 집중하게 하시어
흔들림 없는 평안을 누리게 하소서.

조용히 내리는 봄비를 보며

아무도 모르게 비가 왔나 봅니다.
푸석해진 색상들이 생기를 냅니다.
팍팍해진 세상을 조용히 어루만지며
봄이 왔음을 알리러 다녀갔나 봅니다.

다시 텁텁해진 공기이지만
이미 세상은 봄으로 덮였습니다.
부족하면 부족한 만큼 여기저기
각자의 꿈들을 세상 밖으로 내어보낼 준비를 합니다.

꽁꽁 품고 있던 소중한 이야기를 들려주려고
화려한 축제를 준비합니다.
한 번 더 봄비를 다녀가게 해 달라
바람에게 구름에게 소원을 날립니다.

봄단장으로 바쁜 거리를 걷는 내게도
은혜의 봄비를 내려 달라 기도합니다.
당신의 사랑으로 소망이 움트게 하시어 늦으나마
봄의 축제에 참여할 수 있기를 기도합니다.

봄날의 고백

검은 안경 밖으로
눈부시게 빛나는
봄의 햇살이 노래를 부른다.

검은 가지들 사이사이에
노오란 기대감이 미소를 짓고
어린 초록들은 자유롭게 하늘을 누빈다.

고귀한 품격으로 흐드러진 하얀 아름다움에
더 이상 숨길 수 없어 붉게 물든 사랑 고백이
터질 듯한 내 가슴마저 아련하게 꿈을 꾸게 한다.

버틸 수 없는 감격의
찬란함 속에서
봄의 일부가 되어 버린
나의 꿈도
이날을 선물하신 이에게
빛나는 노래가 되리라.

골목길 라일락의 향기는

골목길 라일락이 나를 부를 때면
옛 친구를 만난 반가움과 함께
아련한 기억은 더욱 애틋해진다.

뚝뚝 꺾은 라일락을 꽂으며
행복해 하던 젊은 엄마의 모습은
꽃향기보다 진하게 내 눈에 들어왔다.

라일락과 함께 꽃병으로 들어갈 듯한
엄마의 모습은
싱그러운 꿈을 가진 여인이었다.

엄마의 코끝에서
시간을 멈추게 한 라일락의 향기는
이제서야 내 코끝에 와 닿는다.

보랏빛 신비로운 라일락의 향기는
영원히 여인으로 기억될
엄마의 향기이다.

당신의 기다림과 나의 기다림

당신의 기다림은 설렘입니까?
나의 기다림은 아픔입니다.

당신은 어떤 생각을 하며 기다립니까?
나는 기다림을 잊을 생각을 하며 기다립니다.

당신은 무엇을 하며 기다립니까?
나는 가슴에 편지를 새기며 기다립니다.

깊이 파인 나의 기다림을 보고
후회 섞인 한숨으로 채우라는 것은 아닙니다.

지금 당신의 기다림은 어떤 것입니까?
지금 나의 기다림은 묻어 둠입니다.

어김없이 나타나는 새벽빛을 기다림같이
오래 기다리지 않은 것처럼 기다립니다.

비집고 들어온 5月의 햇살

나무 그늘을 찾아가며
숨어 걷고 있는 나에게
5月의 햇살이 화려하게 찾아든다.

나뭇잎이 현란한 손짓으로 노래를 부를 때
어느 집 앞 단정한 덩굴장미는
질세라 요염하게 자태를 뽐낸다.

다가오는 이름 모를 행인도
풍경 속 주인공이 된 듯
그 모습이 당당하다.

모두가
무대의 출연자인 것처럼
완벽한 공연을 하고 있다.

느적거리며 걷던 나도 어느새
마법 같은 조명에
정성스레 박자를 맞춘다.

5月의 햇살은
나의 평범함에 비집고 들어와
특별한 하루를 만들어 내었다.

행복하게 살기로 했습니다

슬픈 내일을 생각하니 슬퍼집니다.
자꾸만 슬픈 생각은 꼬리를 뭅니다.
내 마음이 순식간에 지옥으로 변해 버립니다.

행복한 내일을 생각하니 행복해집니다.
자꾸만 행복이 부풀어 오릅니다.
내 마음이 풍선을 타고 구름 가까이 날아갑니다.

그래서,
내일은 또 내일은 행복하리라
기대하기로 했습니다.

그러면,
매일매일 행복할 것 같습니다.
나는 행복하게 살기로 했습니다.

수가성 여인과의 만남

모두가 알지만
그래도 알리고 싶지 않은
여인의 아픈 비밀을 건드리셨다.

아린 가슴을 안고 사는 그녀는
절규하는 맘으로 대항했으리라.
당신이 나를 아십니까!

내가 안다. 내가 모두 안다.
환부를 도려내고 호호 불어 위로하셨으리라.
쏟아져 나오는 오열을 모두 받아 내어 주셨으리라.

비웃지 않으시고 조롱하지 않으시고
하나씩 하나씩 아픔을 벗겨 내고
새 옷을 입혀 주셨으리라.

감추고 싶은 일상으로 찾아오셔서
더 이상 아프지 말라고 부끄러워 말라고
큰 사랑의 증표를 주셨으리라.

오열은 환희가 되고
아픔은 사랑이 되어
하늘을 날았으리라.

주님, 나에게도 찾아와 주소서! 아멘.

내 마음이 바다였으면 좋겠다

내 마음이 바다였으면 좋겠다.
어떠한 생채기도
바로 지워지는 것처럼.

내 마음이 바다였으면 좋겠다.
그저 묵묵히 일렁일 뿐
호들갑 떨지 않는 것처럼.

내 마음이 바다였으면 좋겠다.
보물을 품고 있어도
그저 파랑(波浪)에 조화의 빛으로 나타나는 것처럼.

내 마음이 바다였으면 좋겠다.
폭풍 후에도
다시 고요히 바다인 것처럼.

내 마음이 바다였으면 좋겠다.

당신이 전해 준 꽃다발

귀하고 소중한 마음을 묶어
한 아름 전해진 꽃다발

꽃의 향기보다 풍성한 당신의 향기로
내 마음 가득 취하게 합니다.

말랑말랑 젤리처럼 달콤한 행복이
색색의 향기로 나의 오감을 깨웁니다.

세상에 혼자가 아니라는 것이
누군가 나를 기념해 준다는 것이

생각해도 또 생각해 보아도
행복입니다.

새벽빛의 마중물

적막과 고독의 무게는
고막을 찢고
심장을 터트린다.

몸서리쳐지는 고요함은
가장 두려운 것이 외로움이란 것을
깨우쳐 준다.

결국 태곳적 흑암과 고요함에 다다라서야
세미한 음성을 듣게 되고
멈춰진 호흡에서 비로소 생기를 얻는다.

외로움은 발견이 되고
고통은 깨달음이 되고
절박함은 새벽빛의 마중물이 된다.

장맛비가 무섭게 내리던 날

장맛비가 무섭게 쏟아지고 있다.
굵은 빗줄기는 어느새
물보라마저 만든다.

노오란 원피스의 아이는
소나기에 젖어 보고 싶어
우산도 없이 실눈을 뜨고
골목길을 헤매었다.
생쥐처럼 흠빡 젖어
엄마를 걱정케 했지만
꿈을 이룬 듯 부듯해 하였다.

지체할 수 없는 시간이기에
다시 골목길을 걷는다.
무섭게 내리는 빗줄기가
발목까지 적신다.

이 빗물이 후회스러운 발자국을
지워 주었으면 좋겠다.
일부러
첨벙첨벙 빗물 길을 찾아 걷는다.

이제는 우산을 쓰고.

그리움이 그리움인 것은

그리움
단어만 떠올려도
눈시울이 젖어 오고
코끝은 찡해지며
입술이 삐죽거려진다.

그리움
그것이
내게 무슨 의미이길래
가슴마저 아프게 하고
머릿속은 혼돈스럽게까지 한다.

그리움
과거에 대한 집착인가
현재의 공허인가
미래로의 동경인가
손에 담아 보려 해도 담아지지 않는다.

그. 리. 움.
분명한 형상이 내게 있다면
그때부터
더 이상 그리움은 아닌가 보다.

그리움은 그냥 그리움인가 보다.

세탁기 버튼을 누르는 남자

세탁기 작동 소리가 들린다.

햇볕이 좋아서
바람이 좋아서
내일 비가 올 것 같아서······
빨래를 해야 하는 이유가 늘어나고 있다.
마음에 엉겨 붙은 삶의 얼룩을
깨끗하게 지우고 싶은가 보다.

깨끗해진 빨래를
탁탁 털어 주름을 펴고
의식을 치르듯
정교하고 가지런히 빨래를 넌다.
한결 밝아진 모습을 보니
복잡했던 마음이
조금은 정리되었나 보다.

빨래터에 모여 앉아
수다를 떨며 방망이질하던
아낙네들의 마음 정리 방법을
남자가 알게 되었나 보다.
빨랫감도 얼마 없는데
남자는 혼자서 꾸우욱
세탁기 작동 버튼을 또 누른다.

누군가를 위한다고 할 때에는

누군가를 위한다고 할 때에는
바르고 분별된 생각으로
오롯이 깨끗한 마음으로
행하게 하소서.
부디
나의 오만과 교활함으로 덧입혀진
위선이 되지 않게 하소서.

눈빛 하나에도
숨소리 하나에도
손끝의 스침 하나에도
그 어떤 오물도 묻어나지 않게 하소서.
나를 잊고
진정 섬기는 마음으로
행하게 하소서.

누군가를 위한다고 할 때에는
그 어떤 계산도 하지 않고
순수하고 완전하게
그 누군가를 위한 것만
할 수 있도록
내게
용기와 힘을 주소서!

관성의 법칙에서 벗어나는 힘

쿵 하고 걱정거리가 심장을 내려앉게 했다면
나태해진 일상에서 벗어나라는 출발 신호이다.

뜻밖의 환희가 가끔 가슴에 찾아드는 것은
지친 삶에 산소와 같은 비타민제이다.

슬퍼하는 것도, 기뻐하는 것도
관성의 법칙에서 벗어나지 못한다면 위험한 중독이 된다.

목 놓아 울어야 할 사건도, 펄쩍펄쩍 뛰며 기뻐해야 할 일들도
관성의 법칙에서 벗어나게 할 에너지원이다.

예상치 못한 삶의 모든 것이
우주의 미아가 될까 봐 주시는 강력한 힘이다.

땡감이 익어 가기까지

애썼다. 애썼다.
견디어 내느라 애썼다.

꽃이 있었기에 열매를 맺었겠지.
소박한 모습으로 나타나
작은 구슬을 지니게 되었다네.

초여름 태풍에 살아남아
청푸른 모습으로
꼭지 떨어진 친구를 보게 되고

짙푸른 나뭇잎들 사이사이로
한여름 땡볕에도
보란 듯 가지를 휘어지게 하고

초가을 앞에 당당히 맞서 보지만
아직은 푸릇푸릇
어려 보이네.

무성하던 잎들은 하나둘 어디로 갔는지
높푸른 하늘 아래 서리를 맞고
주홍빛 알몸으로 기쁨의 결실을 꿈꾸네.

떫은맛에 발길 돌린 이들이
이제는

다시 찾아 줄까 기다려 본다네.

애썼다. 애썼다.
견디어 내느라 애썼다.

훨훨 날아가려무나, 민들레 홀씨야!

내 품이 좁다고 느껴졌다면
훨훨 날아가려무나.

맑은 날 바람결 좋은 날을 정해
훨훨 날아가려무나.

하얀 솜털을 날개 삼아 파아란 창공을
훨훨 날아가려무나.

나의 노오란 청춘으로부터
훨훨 날아가려무나.

내 모습을 화려하게 빛내 주었던 홀씨야
훨훨 날아가려무나

당당하게 자신 있게 뒤돌아보지 말고
훨훨 날아가려무나.

기왕이면 뿌리 내리기 좋은 곳을 찾아
훨훨 날아가려무나.

나도 훨훨 날아 행복을 전할 터이니
너도 훨훨 날아가려무나.

나는 가을이 되었다

하늘이 높아지기도 전에
나뭇잎의 색이 바뀌기도 전에
매미의 울음소리가 지치기도 전에
나는 벌써
가을이 성큼 왔음을 안다.

갈치조림의 무가 맛나기 시작할 때
친구끼리 어디든 여행 가고 싶어질 때
작은 귀뚜라미 울음소리에 귀 기울여질 때
나는 이미
가을 속을 걷고 있음을 안다.

쨍쨍한 햇살에 슬픔과 기쁨의 얼룩은 단풍이 되고
이미 파란 하늘을 품은 내 가슴엔 고추잠자리가 춤을 추고
바스락거리는 낙엽 소리에 눈물지을 줄 아는
나는 나는
붙잡아 두고 싶은 가을이 되었다.

토닥토닥 가을비가 내립니다

토닥토닥
토닥토닥
가을비가 내립니다.

지치고 힘들었던 삶을 위로라도 하듯이
토닥토닥 가을비가 내립니다.

모든 이들에게
토닥토닥
등 두드려 주는
위로의 소리였으면 좋겠습니다.

그래야
다가올 만만찮은
겨울을 견딜 수 있을 것 같기 때문입니다.

친구들과 같이
우산을 쓰고
토닥토닥
토닥토닥
위로를 받고 싶습니다.

꽃이 피지 않는 계절은 없다

가을에도 꽃이 핀다는 것을 문득 깨달았습니다.

늘 가을을 대표하는 꽃들이 있다는 것은 알았는데
참 신기할 노릇입니다.

코스모스 꽃밭을 좋아하고
소국 한 다발에 행복을 느꼈으면서도
이들이 가을에
피어난다는 것은
생각을 못 한 것입니다.

꽃은 봄에만 피어난다고 각인되어 있었나 봅니다.
여름은 물론
겨울에도 피어나는 꽃이 있는데 말입니다.

꽃이 피지 않는 계절은 없다는 것을
깨닫게 되었으니
참 다행입니다.

대나무 숲길을 걷고 싶다

조용히 읊조리고 싶은
이야기를 들어 줄
대나무 숲길을 걷고 싶다.

지워 버리고 싶은 이야기
실컷 떠들어도 걱정이 없는
대나무 숲길을 걷고 싶다.

약간은 흐트러진 모습으로 이야기를 해도
후회되지 않는
대나무 숲길을 걷고 싶다.

지루한 나의 이야기를 듣고도
그대로 서 있는
대나무 숲길을 걷고 싶다.

높다랗게 평행을 이루며
조용히 서 있는
대나무 숲길을 걷고 싶다.

고개를 젖혀
나란히 나란히
대나무 숲속 하늘을 보고 싶다.

메아리가 되어 주는 친구

수채화 같은 맑은 하늘을
그림같이 더욱 완벽하게 하는 것은
뭉게뭉게 떠다니는
하이얀 구름 때문이다.

눈부신 태양 빛이
더욱 화려하게 만들어지는 것은
함께 어우러져 춤추는
나뭇잎들의 그늘 때문이다.

내 삶의 진정 행복한 찰나는
굴곡진 삶 속에서
메아리가 되어 주는
친구를 만나는 순간이다.

나의 사랑은 소망입니다

어제보다 오늘 더 많이 사랑하고 싶습니다.

오늘보다 내일은 더더욱 많이 사랑하며 살고 싶습니다.

내가 살아 있음을 느낄 수 있도록
더 깊이 진하도록 사랑하며 살고 싶습니다.

미처 모르고 스쳐 보낸 모든 것들에 대해
회한과 애정을 담아
지금 열렬히 사랑하며 살고 싶습니다.

무한한 아름다운 것들을
작은 내가 담아내기엔 역부족인 것을
너무 뒤늦게 알아 버린 어리석음을 가슴 아파하며
태양이 지기 전에 다시 태양이 뜨기 전에
뜨겁게 사랑하며 살고 싶습니다.

나의 사랑은 소망입니다.

태풍이 지나간 어느 날

태풍의 눈 하나쯤 품고 있지 않은 중년이 있을까?

솜사탕 같은 시절은 어느새 녹아 버리고
분함도 아니고 억울함도 아니고
외롭고 쓸쓸한 서글픔이란 기압골이
스멀스멀 몰려올 때면
품고 있던 수증기는
아무도 듣지 못하는 천둥소리와 함께
오열의 강을 범람케 한다.

눈빛만 보아도
꼭 다문 입술만 보아도
일렁이는 슬픈 꿈을 품고 있다는 것을 알기에
사랑할 수밖에 없는 중년은
아름답다고 감히 말하고 싶다.

마음 곳곳 할퀴고 간 흔적들을
그리고 또 다른 태풍의 눈들을
보듬고 달래며
깊은 호흡으로
태풍이 잦아든 맑은 하늘을
함께 날고 싶다.

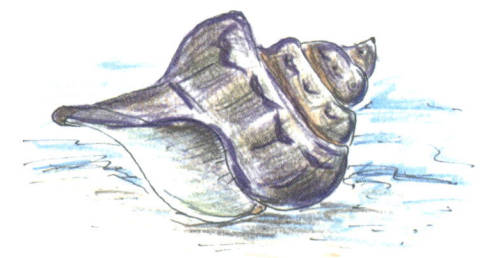

근데 행복이 뭘까요?

오늘도 행복하게^^

네~~ 행복하세요~~
근데 행복이 뭘까요?
……

음……
행복이 뭘까?

나에게 행복이란
또 너에게 행복이란
그리고 우리들에게 행복이란.
……

모두의 행복은 달라도
공통인 것은
혼자가 아니라는 거

난
그게 행복인 것 같아.

그래서
난
행복해~~~

너와 함께
나누고 있으니까^^♡^^

또 가을을 보냅니다

이렇게 또 가을이 지나갑니다.
휑하니 드러나고 있는 잿빛 하늘을 보며
공허하기도 하고 대견하기도 하고
서로 배반되는 감동을 느끼며
골목길을 걸어갑니다.

그냥 그렇게, 이렇게 지나가 버린
가을이란 이름이
내게 하고자 하는 이야기는 무엇일까?
생각해 봅니다.

그저 열매 맺음에 기뻐만 했다가
그저 쓸쓸한 우울감을 느끼기도 했다가
해마다 느끼는 느낌이 더해져
굳이 말하자면
가슴이 아플 정도로 진해집니다.

얼마나 또 새로운 가을을 만날지……
슬쩍 다가와 어떤 이야기를 들려줄지……
아무도 모를 약속을 기대하며
가을을 보냅니다.

시어머니와 꽃게탕

등껍질을 떼어 내고 다리 손질을 하고
양념장을 만들어 보글보글
맛날까?
맛나게 먹었던 그 맛일까?
입술을 오므려 뜨거운 국물을 맛본다.

손질하는 순간부터 맛을 보는 순간까지
시어머니의 모습이 떠오른다.
며느리 지켜보는 가운데
얼마나 긴장했을꼬.

눈을 감고 입술을 오므리고
고개를 끄덕일 때
맛보다 안도의 끄덕임이었으리라.
의기양양하게
꽃게탕을 내놓는 두 손은
개선장군의 기개마저 느껴진다.
조바심으로 선생의 모습을 내기 위해
애썼으리라 생각하니
며느리 맞은 나로서
참 애쓰셨다 등 두드려 드리고 싶다.

꽃게탕이 보글보글 맛나게 끓고 있다.

깨달아 가는 길

지워 버리고 싶은 일이 투성이이고
숨어 버리고 싶은 순간들의 연속이지만

그래도
삶은 후회하며 사는 것이라 말하고 싶지 않다.

후회라는 모진 값을 치르고
결국
깨달음이란 보석을 얻기 때문이다.

그래서
삶은 깨달아 가는 길이라 말하고 싶다.

새해가 간단다

새해가 간단다.
그리고 새해가 낼모레 다시 온단다.

정들까 했는데 떠나간단다.
그리고 새 얼굴로 다시 온단다.

약속 지킬 사이도 없이 가 버린단다.
새 약속 하자고 다시 온단다.

울다가 웃다가 바둥거리다 보니
새롭게 시작하자고 다시 온단다.

새해가 간단다.
그리고 새해가 낼모레 다시 온단다.

이른 봄 소풍을 다녀와서

혹시라도 비가 올까 잠 못 들던 어린 날처럼
녹색 창을 열어 보며
설레고 있는 줄도 모르고 봄 마중을 나선다.

차창 밖의 풍경에 손 인사 눈인사를 하고
반갑게 맞아 줄 봄을 기억해 낸다.

이른 봄 찾아드는 봄의 꽃인 양
여기저기 마른 나무 곁에 서서 활짝 웃는다.

내 안에 숨은 봄을 맘껏 전해 주고서
시름 잊은 맘에는
들뜬 꿈을 한 아름 담아 돌아온다.

내 진한 봄을 받은 나뭇가지는
분홍빛 꽃을 피우느라
간질간질 흔들리고

눈을 감고 자려는 나는
몽실몽실 피어나는 설렘으로
이렇게 밤새 하늘만 날고 있다.

봄소식

아이고 예뻐라 노란 개나리야
너도 나왔구나 여린 진달래야.
벚꽃은 어디 있나?

부지런히 떠나갔던 목련아
조용히 웃는 모습이 참 반갑다.
보슬보슬 이른 비도
봄을 싣고 찾아오는구나!

어김없이 들려오는 봄소식에
헤어짐도 기대가 되고
사라짐도 꿈이 되어
내 맘에도 파릇파릇 새순이 돋는다.

꽃잎이 떨어지기 전에

꽃잎이 모두 떨어지기 전에
아름다움을 누리세요.
햇빛이 가리기 전에
빛나는 색을 만끽하세요.

비가 그치기 전에
빗소리에 귀 기울이세요.
바람이 불어올 때
바람결에 꿈을 실어 보세요.

꽃이 지고 나면
해가 지고 나면
비가 그치고 나면
바람이 멈추고 나면
지나가 버린 것들에 대해
후회가 생길 수 있으니까요.

사랑 실은 내 마음이 닫혀 버리기 전에
그대여
어서 돌아와 주세요.
계절은 순서대로 다시 돌아오시지만
한번 닫힌 내 마음은

언제 다시 열릴지
알 수 없어요.

흐린 날에는

흐린 날에는 진한 회색빛 물감을 사고 싶습니다.
커다란 비구름을 그려 넣어
펑펑 비를 쏟아 내고 나면
햇빛이 쨍하고 나타날 것 같아서입니다.

잔뜩 흐려 우울한 날에는 분홍빛 물감을 사고 싶습니다.
무채색 풍경에 예쁜 꽃을 그려 놓으면
상상해 보지 못한
화려한 꽃길이 만들어질 것 같아서입니다.

흐린 날에는
행복해지는 그림을
마음껏 그리고 싶습니다.

진달래꽃이 피었습니다

활짝 핀 진달래를 보았습니다.
어여쁜 진달래꽃이
눈에 자리 잡기 전에
내 맘속 깊은 곳에 있던
당신의 미소가
눈에 떠올랐습니다.

몽우리 몇 개이던
연분홍 꿈을 보며
두 손 모아 기대에 부푼
당신의 미소에서 소망을 보았습니다.

소망이 활짝 피어난
진달래를 보니
함께 기대했던
꿈을 이룬 것 같아
함박 미소가 지어졌습니다.

그렇게 어느 봄날
당신이 생각났습니다.

처량하다

처량하다. 처량하다.
참으로 처량하다.

바람이 강해서도
아니고
파도가 거칠어서도
아니고

처량하다. 처량하다.
참으로 처량하다.

뜬눈으로 며칠 밤을 지나본들
처량함의 골은 깊어지고

그저 바람에 파도에
실려 보내고 싶다가도
그것마저 처량해서
눈물만이 가슴 적신다.

처량하다. 처량하다.
모든 것이 내 잘못인 것을.

망각이 원인이라

당당하네 당당하네
무엇이 그리 당당한가.

처량함을 깨닫게 하는
그 당당함에
더욱 초라해지는구나.

산꼭대기 바람결이
골짜기로 몰려오고
서늘한 기운들이
한없는 눈물이 된다.

망각이 재주라
또 잊고
새날 맞아하겠지.

당당함은 더욱
등등해지고
처량함은 심히
초라해진다.

감자에 싹이 났다

감자에 싹이 났다!

구석진 곳에 언제 떨어져 나왔는지
빛도 없는 곳에서
혼자
하얀 싹을
내고 있었다.

쪼글쪼글 쭈글쭈글
모든 것을 짜내어
자연의 본분을 이어 가는 모습이
아프기도
대견하기도
부끄럽기까지도
존경스럽기도……

감자가
나를 일깨우고 있다.

나는 싹을 내고
있는가?

나는 목련이 슬프다

밤하늘을 수놓는
불꽃놀이처럼
봄을 알리는
화려한 목련이 슬프다.

겨울이 다 가기 전부터
부풀어 오른 목련과 함께
하늘을 바라본
긴긴 기다림이 있었기에
화려한 목련이 슬프다.

짧은 외침으로
만남과 함께 이별을 알리는
목련의 등장은
슬픈 영화처럼
오래오래 가슴에 남는다.

나는 목련이 슬프다.

부끄러운 하소연

착한 딸이 되어야 해.
좋은 친구가 되어야 해.

이해심이 많은 아내가 되어야 해.
말 잘 듣는 며느리가 되어야 해.
모든 걸 내어주는 엄마가 되어야 해.

멋진 시어머니가 되어야 해.
따뜻한 장모님이 되어야 해.
훌륭한 할머니가 되어야 해.

이제 와서는
누가 그렇게 살라 했냐고 한다.
하고 싶은 대로 하고 살라 한다.

길들여진 나는
이제야 반항을 시작해 본다.
어떤 모습의 자화상을 만들지.

꽃은 좌절을 아는가?

좁은 틈을 비집고 환하게 웃고 있는
키 작은 꽃 한 송이가 보인다.

쭉쭉 뻗은 친구들 사이로 고개를 내밀고
한들한들 여린 손짓을 보내온다.

탄탄히 터 잡고 모두 하늘을 보고 있을 때
비탈진 틈 사이로 지나가는 이를 보고 방글방글 웃고 있다.

뿌리어진 자리에 억척스럽게 뿌리를 내리고
환한 모습으로 세상을 보고 있다.

과연 꽃은 좌절을 아는가?
순간 숙연함이 밀려왔다.

쌓인 눈을 털어 줄 것을

아침부터 내내 눈이 왔다.
하루 종일, 밤사이에도 눈이 왔다.
늘 지키고 서 있던 나무가
무게를 견디지 못하고 꺾여 있었다.
서너 그루 넘어져 있는 나무가
서운하고 미안하게 한다.

가지라도 흔들어 눈을 덜어 내어 줄 것을…….

언제 자라 그늘을 만들꼬 했던 녀석들이
파릇파릇 새싹의 기쁨을 주고
뜨거운 날 그늘을 만들고
가을을 알리며
하늘을 열어 줄 만큼 자랐는데.

가지라도 흔들어 눈을 덜어 내어 줄 것을…….

군데군데 잘려 나간 밑동이 보이니
더욱 서운하고 허전해진다.
해가 쨍쨍 날 때 또 한 번
진하게 생각나겠지.

한 번쯤 내다보고
가지라도 흔들어 눈을 덜어 내어 줄 것을…….

쌓인 눈을 덜어 내어 줄 것을.

친정 엄마

시집가면 잘 살거라.
남편에게 순종하고
시부모 봉양 잘 하고…….
당부의 말씀으로
손 흔들며 딸을 떠나보내고
귀가 시간 되었는데…… 깜짝 놀라다
그래, 시집갔지!
허전함에 쓴웃음을 지으셨단다.

딸 가진 죄인이라
하실 말씀 다 못 하고
그저 시댁 가풍 잘 익혀라
시집살이 끝은 있단다 위로하시며
자식 생각해 참고 살라 하신
친정 엄마 말씀 지킨다고
살아온 세월이 얼마인가.

내 입맛에 꼭 맞게
반찬 솜씨 늘었다는
시어머니 칭찬 말씀에

삼첩반상 한번 제대로
차려 드리지 못한 친정 엄마께
죄송함의 눈물이 났다.

무슨 과일을 좋아하시는지
무슨 반찬을 좋아하시는지
어떤 식감을 좋아하시는지
친정 엄마 식성을 아는 것이 하나 없다.
얼마 남지 않은 이번 생신 때에는
소고기 미역국 푹 끓여 들고
찾아뵈어야겠구나.

너무 멀리 와 버린 세월에
말 잘 듣는 엄마의 맏딸은
참 불효녀가 되어
고작 눈물만 짓는다.

내 그림엔

내 그림엔
꽃봉오리가 있지
그건 말야 누구도 알지 못한
나의 소망이야.

내 그림엔
활짝 핀 꽃도 있어
그건 말야
누구나 알고 있는
나의 모습이야.

내 그림엔(비밀인데)
씨앗을 남긴 꽃도 있어
그건 말야
많은 이야기가 있는
또 다른 나의 꿈들이야.

너의 그림엔
무엇이 있니?

나무야! 나무야!

나무야! 나무야!
어떻게 견디고 서 있는지
어떻게 이겨 내고 자라났는지
어떻게 의연하게 잎을 내고 살아가는지.

나무야! 나무야!
따가운 햇볕도 피하고 싶었을 텐데
몰아치는 비바람도 무서웠을 텐데
살랑살랑 바람 따라 날아가고 싶었을 텐데.

나무야! 나무야!
날아다니는 새가 부러웠을 텐데
두둥실 떠가는 구름을 동경했을 텐데
반짝이는 별들을 보며 많은 꿈도 꾸었을 텐데.

나무야. 나무야.
자리를 지켜 온
너의 이야기가 듣고 싶구나!

봄날의 꽃 가게

노오란 봄꽃을 산다.
향기를 산다.
행복을 산다.
한 움큼 봄을 전하고 싶어서
봄의 설렘을 나누고 싶어서
피어나는 행복을 함께하고 싶어서.

꽃 가게 주인도
기쁨을 덤으로 싸 주신다.
내 마음 가득
노오란 봄을 채운
완벽한 봄의 전령이 되어
사뿐히 꽃 가게를 나온다.

봄날의 꽃 가게보다
더 진한 봄 향기를 담고
봄이 되어 나온다.

당신은 참말로 꽃입니다

당신은 꽃입니다.
꽃으로 태어나
꽃인 줄 모르고 사는
당신은 꽃입니다.

소망과 기쁨을
행복과 사랑을
가득 담은
당신은 꽃입니다.

방글방글 웃을 때에도
꺼억꺼억 울 때에도
언제나
당신은 꽃입니다.

꽃인 줄 모르고 사는
당신은
참말로
당신은 꽃입니다.

아줌마도 꿈이 있나요?

열 살 꼬마 아이가
내게 묻는다.
아줌마,
아줌마도
꿈이 있어요?

응. 나도 꿈이 있지!
넌 있니?
되물었다.
놀라는 눈으로
비밀이라 한다.

아줌마 꿈을
말해 주면
알려 주겠다고 한다.
그래서 나는
아줌마도 비밀이라 했다.

어쩌면
열 살 꼬마 아이보다
이 아줌마는
더 애달픈 꿈을
꾸고 있을지 모른다.

다음에 만나면
레몬 맛 사탕을 주겠다고
약속을 한다.
꿈을 가진 아줌마를
친구 삼기로 했나 보다.

봉숭아 꽃물

가슴이 콕콕 아팠다.
많이 속상했다.
문득 봉숭아꽃이 생각났다.

꼭꼭 찧어 꽃물을 내고
예쁘게 물들라고
백반도 넣고
또 꼭꼭 찧어 꽃물을 낸다.

손가락 끝에
찧은 꽃잎을 올리고
꽃물 흐르지 않게
꽁꽁 싸매 둔다.

예쁜 빛깔 꽃물이 들길
두 손 곱게 가슴에 품고
아침이 속히 오길 기다리며
잠이 든다.

쪼글쪼글 손가락 위에
신기하게도
주홍빛 예쁜
봉숭아 꽃물이 앉았다.

가슴에 품었던 두 손을
하늘에 띄워
첫눈의 소원도 빌어 본다.

봉숭아꽃은 그렇게
꼭꼭 짓찧여
예쁜 꽃물로 기억된다.

이렇게 저렇게
콕콕 찧인 나도
봉숭아꽃처럼
예쁜 색을 남기게 될까?

아롱다롱 예쁜 꽃물을 내려고
이렇게 가끔씩은
삶이 콕콕 아픈 걸까?

새벽길을 걷는 내내
기도해 본다.
나의 삶도
봉숭아꽃처럼
아름답게 기억될 물이 들여지길.

애호박전

동글동글
바삭바삭
노릇노릇

혹시나 타게 될까
눅지게 될까
온 신경을
집중한다.

무슨 맛으로
애호박전을
즐기는 건지
나는 모른 채
연구실 연구원처럼
초집중 뒤집기를 한다.

맛난 간장에
새콤한 식초
한 방울, 두 방울
엄청난 조제도 한다.
단 한 분을 위해.
시어머니
몇 개 안 드시는
호박전에
온 신경을 쓰고 있다.

세상 어떤 주방장도
시어머니 드릴
호박전 부치기는
엄청난 시험일 거라
혼자 웃는다.

다 드신 빈 접시가
최고의 칭찬

나는
아직도
애호박전의
참맛은 모르겠다.
음식은 정성이라
말씀하신
시어머니
맛내기 비법만
따르고 있다.

해와 달이 된 오누이 엄마의 충고

어흥. 떡 한 덩이만 주면
안 잡아먹지!

해와 달이 된 오누이 엄마가
내게 물어 온다.
그동안 너는
무엇을 위해
누구를 위해
떡 덩이를 호랑이에게
넘겨주었냐고.

남아 있는 고개를 넘을 땐
어떤 호랑이가 와도
힘없이 남은 떡을
빼앗기지 말라고
귀하게 쓰라고.

빈 광주리만 남기고
떠난
해와 달의 엄마가
내게
단단히 일러 준다.

나도 당신처럼
무서운 호랑이 앞에서

살아서 가기 위해
최고의 결정을
내린 거라 대답해 본다.

하지만
분별하는 지혜와
결단력을 주십사
더 기도하며
남은 고개를 넘겠노라
다짐해 주었다.

절규함

꽃은 꽃이라서 꽃을 피운다.
꽃이 모여서 꽃밭이다.

휘몰아치는 큰 바람이나
간지러운 산들바람이나
어디든 실려져
꽃씨는
옮겨진다.

황무지에 뿌려져도
어떻게 하든 살아 있다면
이슬만 먹고도 자라
꽃을 피운다.

옥토에 심겨도
어떤 정원사의 관리에도
잡초는 잡초이다.
결코 꽃밭을 이룰 수 없다.

순응하고 견디어 내는 것이
나약함이 아니라
새로운 창조적
활동일 수 있다.

때로는 소리 없는 인내가
그 어떤 항변이나
몸부림치는 투쟁보다
뿌리 깊은
진하디진한
주장일 수 있다.

어느 서러운 날
내가 꽃이기에
내가 있는 이 자리가 꽃밭이 되었노라
소리쳐 보았다.

꾹꾹 가슴에도
새겨 두었다.

| 작가의 말 |

존재의 이유를 찾는
뜻깊은 여정

10대 때는 20대가 되면, 아마도 스물셋쯤 되면 뭔가 좋은 일이 생길 것 같은 막연한 기대가 있었다. 그게 혹시 결혼이었나? 스물셋에 나는 대학교 졸업과 동시에 아줌마가 되었다.

'파란만장(波瀾萬丈)'이란 단어의 뜻도 제대로 알지 못하면서 불과 몇 년 전까지도 파란만장한 여주인공의 삶을 꿈꾸며 살았다(오! 주여, 제가 파란만장이란 말의 뜻을 잘 몰랐습니다). 주인공의 삶은커녕 인생이란 무대에서 존재할 가치가 있나 하는 무력감마저 들었다.

이제 처음으로 다시 돌아가 나의 존재 이유에 대해 하나님께 묻기 시작했다.

'나는 살아가야 하는가.'

『성경』에선 뭐라 말씀하고 있는가.

대학 3학년, 꿈에 대해 고민하며 기도할 때와는 비교도 안 될 만큼 길고도 힘든 시간이었다. 하나님께 묻고 또 묻기를 되풀이했다.

마침내 얻은 응답은, 죽은 자를 살리고 병든 자를 고치는 예수님의 공생애를 통해 "너도 한번 살아 봐라!" 하시는 것 같았다.

주님께서 살아 보라 하셨으니 살아가 보겠다고 결심했다.

별님이에게 쓴 편지는 내 존재 이유를 찾는 여정이기도 하다.

나는 늘 초신자들에게 이야기한다. 하나님과 썸만 타지 말고 멋진 러브 스토리를 만들어 보라고.

결국 사랑이 있어야 살아갈 수 있다. 그래서 난 더 깊이, 더 많이 사랑하며 살고 싶다.

엄마는 늘 열두 가지 재주가 있으면 가난하게 산다고 말씀하셨다. 초등학교 때부터 한 가지에만 집중하라고 하셨다. 그러셨는데, 「골목길 라일락의 향기는」란 글을 어버이날 기념으로 보내 드렸더니 꼭 당신 젊었을 때 모습 같다며 누군지 모르지만 유명한 시인이 썼나 보다 하셨다.

당신 딸이 쓴 것임을 도저히 믿지 않으려 하시더니 "내가 좀 일찍 죽었으면 네가 그림 잘 그리는 것도 모르고 죽을 뻔했다."라고 하셨다.

35년을 함께한 시어머님은 "20년만 일찍 그림을 시작했으면 멋진 화가가 되었을 텐데 아깝다."라고 하셨다. 그래서 난 웃으며 "앞으로 20년 더 그리면 되지요."라고 말씀드렸다.

두 여인에게서 다르지만 같은, 묘한 느낌의 애정이 느껴졌다.

이제는 힘을 빼고 삶을 바라볼 수 있는 여유가 조금은 생긴 듯하다. 잠시 멈추고 잠깐 큰 숨을 쉰 '행복한 시간'이었다.

오원영 씀.